Heiner Müller: Grundwissen Grammatik – 5./6. Schuljahr

Inhaltsverzeichnis

Wortlehre

Satzlehre

Wörter können zu verschiedenen Wortarten gehören.

Bezeichnungen			Beispiele
lateinisch	**deutsch**		
Nomen	Namenwort		
Artikel	Begleiter	bestimmter	
		unbestimmter	
Verb	Zeitwort		
Hilfsverb	Hilfszeitwort		
Modalverb	Zeitwort der Art und Weise		
Adjektiv	Eigenschaftswort (Wiewort)		
Numerale	Zahlwort	bestimmtes	
		unbestimmtes	
Interjektion	Ausrufewort		
Pronomen – Personalpronomen	Fürwort – persönliches Fürwort		
Pronomen – Possessivpronomen	Fürwort – besitzanzeigendes Fürwort		
Pronomen – Interrogativpronomen	Fürwort – Fragefürwort		
Pronomen – Demonstrativpronomen	Fürwort – hinweisendes Fürwort		
Pronomen – Relativpronomen	Fürwort – bezügliches Fürwort		
Partikel – Präposition	„Teilchenwort" – Verhältniswort		
Partikel – Adverb	„Teilchenwort" – Umstandswort		
Partikel – Interrogativadverb	„Teilchenwort" – Frageumstandswort		
Partikel – Konjunktion	„Teilchenwort" – Bindewort		

Präge dir die Wortarten gut ein! Lerne die lateinischen Bezeichnungen wie Vokabeln!

Das .... bezeichnet alle Lebewesen und Dinge mit Namen.

1. Lebewesen
   Menschen: ....

   Tiere: ....

   Pflanzen: ....

2. unbelebte Dinge: ....

3. gedachte Dinge: ....
   (z. B. Begriffe für
   Zustände, Gefühle, ...
   Sinneseindrücke)

.... sind Namen für Lebewesen,

unbelebte und gedachte Dinge. Nomen (Namenwörter) schreibt man groß.

Nomen können im .... oder im

.... stehen.

Zu jedem Nomen gehört ein ....

Der Artikel (Begleiter) gibt das Geschlecht des Nomens an.

Deswegen heißt der Artikel auch ....

Anzahl / Geschlecht	bestimmter Artikel		unbestimmter Artikel
	Singular (Einzahl)	**Plural (Mehrzahl)**	**Singular (Einzahl)**
.... (männlich)	.... Strand	.... Strände	.... Strand
.... (weiblich)	.... Badehose	.... Badehosen	.... Badehose
.... (sächlich)	.... Handtuch	.... Handtücher	.... Handtuch

Vom unbestimmten Artikel gibt es keine Pluralform!

1. Sortiere diese Nomen (Namenwörter).

Trompete	Sieg	Schloss	Ritter	Hunger	Kette	Idee	Techniker
Boot	Kastanie	Stille	Onkel	Maschine	Storch	Verständnis	

2. Schreibe die Nomen mit ihren bestimmten Artikeln (Begleiter) in die Tabelle.

Lebewesen	unbelebte Dinge	gedachte Dinge

Aus zwei Nomen kann man neue .... machen.

Dabei ist der erste Wortteil das .... Der zweite Wortteil ist das

.... Das Grundwort legt den bestimmten Artikel fest:

Aus .... und .... wird ....

Manchmal muss dabei an der ....

ein Buchstabe eingeschoben werden:

aus .... und .... wird ....

Beispiele

1. Wortteil:	2. Wortteil: ....
Land Kartoffel Brille	Pelz Kanne Suppe
Wolf Sport Milch	Wirtschaft Schlange Platz

3. Bilde aus den Wörtern oben so viele zusammengesetzte Nomen wie möglich.
Schreibe sie mit ihren Artikeln auf. Unterstreiche den Fugen-Buchstaben, falls vorhanden.

....

....

....

Das Nomen (Namenwort) kann in einem Satz in vier verschiedenen Fällen stehen.
Nach jedem Fall fragt man anders.

Beispiele

1. Setze bei a), b) und c) jeweils Nomen mit bestimmten Artikeln (Begleiter) in der männlichen, weiblichen und sächlichen Form ein.

Beispiele im Singular (Einzahl)	Frage	Kasus (Fall)
1. a) .... liest die Zeitung.	....	1. Fall:
b) .... liest die Zeitung.	liest	....
c) .... liest die Zeitung.	die Zeitung?	....
2. a) Das Fahrrad .... quietscht.	....	2. Fall:
b) Das Fahrrad .... quietscht.	Fahrrad	....
c) Das Fahrrad .... quietscht.	quietscht?	....
3. a) Ich gebe .... das Glas.	....	3. Fall:
b) Ich gebe .... das Glas.	gebe ich	....
c) Ich gebe .... das Glas.	das Glas?	....
4. a) Wir sehen .... im Garten.	....	4. Fall:
b) Wir sehen .... im Garten.	sehen wir	....
c) Wir sehen .... im Garten.	im Garten?	....

Achte auf die bestimmten Artikel und auf die Endungen der Nomen.

Jedes Nomen kann in vier verschiedenen Fällen stehen.
Wir fragen:

Wer oder was? ⟶ 1. Fall: **Nominativ** (Werfall)

Wessen? ⟶ 2. Fall: **Genitiv** (Wessenfall)

Wem? ⟶ 3. Fall: **Dativ** (Wemfall)

Wen oder was? ⟶ 4. Fall: **Akkusativ** (Wenfall)

Das Nomen (Namenwort) kann in einem Satz in vier verschiedenen Fällen stehen.
Nach jedem Fall fragt man anders.

Beispiele

1. Setze bei a), b) und c) jeweils Nomen mit unbestimmten
Artikeln (Begleiter) in der männlichen, weiblichen und
sächlichen Form ein.

Beispiele im Singular (Einzahl)	Frage	Kasus (Fall)
1. a) .... fährt Fahrrad.	....	1. Fall:
b) .... fährt Fahrrad.	fährt	
c) .... fährt Fahrrad.	Fahrrad?	....
2. a) Das Los .... gewinnt.	....	2. Fall:
b) Das Los .... gewinnt.	Los	
c) Das Los .... gewinnt.	gewinnt?	....
3. a) Sie geben .... die Schuld.	....	3. Fall:
b) Sie geben .... die Schuld.	geben sie	
c) Sie geben .... die Schuld.	die Schuld?	....
4. a) Ihr verärgert	....	4. Fall:
b) Ihr verärgert	verärgert	
c) Ihr verärgert	ihr?	....

Wenn sich Wörter ändern, weil sie in einem anderen Fall stehen,

nennt man das ....

Nomen (Namenwörter), bestimmte und unbestimmte Artikel

(Begleiter) kann man ....

Auch Adjektive (Eigenschaftswörter) und Pronomen (Fürwörter)

kann man ....

Wer? Was?
Wessen?
Wem?
Wen? Was?

Da Nomen (Namenwörter) auch im Plural (Mehrzahl) stehen können, gibt es auch im Plural die vier verschiedenen Fälle. Man verwendet dabei wieder dieselben Fragewörter.

1. Setze bei a), b) und c) jeweils Nomen mit bestimmten Artikeln (Begleiter) in der männlichen, weiblichen und sächlichen Form ein.

Beispiele

Beispiele im Plural (Mehrzahl)	Frage	Kasus (Fall)
1. a) .... lesen einen Roman. b) .... lesen einen Roman. c) .... lesen einen Roman.	.... liest einen Roman?	1. Fall: ....
2. a) Die Comics .... sind neu. b) Die Comics .... sind neu. c) Die Comics .... sind neu.	.... Comics sind neu?	2. Fall: ....
3. a) Ihr kauft .... Geschenke. b) Ihr kauft .... Geschenke. c) Ihr kauft .... Geschenke.	.... kauft ihr Geschenke?	3. Fall: ....
4. a) Wir lassen .... gewinnen. b) Wir lassen .... gewinnen. c) Wir lassen .... gewinnen.	.... lassen wir gewinnen?	4. Fall: ....

Was fällt dir bei den Artikeln auf?

Was verändert sich bei den Nomen?

Die Artikel (Begleiter) haben im Plural bei allen drei Geschlechtern

a) ...., b) .... und

c) .... die ....

Wir merken uns: 1. Fall: .... (Werfall) ....

2. Fall: .... (Wessenfall) ....

3. Fall: .... (Wemfall) ....

4. Fall: .... (Wenfall) ....

Zusammen mit den Nomen (Namenwörter) verändert sich der bestimmte Artikel (Begleiter) in den vier Fällen. Bestimmte Artikel können also auch dekliniert (gebeugt) werden.

a) Genus (Geschlecht): ....

Kasus (Fall)	Frage	Numerus (Zahl)	
		Singular (Einzahl)	Plural (Mehrzahl)
1. Fall: Nominativ (Werfall)	Wer oder was?	.... Vogel	.... Vögel
2. Fall: Genitiv (Wessenfall)	Wessen?	.... Vogels	.... Vögel
3. Fall: Dativ (Wemfall)	Wem?	.... Vogel	.... Vögeln
4. Fall: Akkusativ (Wenfall)	Wen oder was?	.... Vogel	.... Vögel

b) Genus (Geschlecht): ....

Kasus (Fall)	Frage	Numerus (Zahl)	
		Singular (Einzahl)	Plural (Mehrzahl)
1. Fall: Nominativ (Werfall)	Wer oder was?	.... Pumpe	.... Pumpen
2. Fall: Genitiv (Wessenfall)	Wessen?	.... Pumpe	.... Pumpen
3. Fall: Dativ (Wemfall)	Wem?	.... Pumpe	.... Pumpen
4. Fall: Akkusativ (Wenfall)	Wen oder was?	.... Pumpe	.... Pumpen

c) Genus (Geschlecht): ....

Kasus (Fall)	Frage	Numerus (Zahl)	
		Singular (Einzahl)	Plural (Mehrzahl)
1. Fall: Nominativ (Werfall)	Wer oder was?	.... Lied	.... Lieder
2. Fall: Genitiv (Wessenfall)	Wessen?	.... Liedes	.... Lieder
3. Fall: Dativ (Wemfall)	Wem?	.... Lied	.... Liedern
4. Fall: Akkusativ (Wenfall)	Wen oder was?	.... Lied	.... Lieder

Lerne die Artikel in der Reihenfolge der 4 Fälle auswendig!

Kasus (Fall)	Singular (Einzahl)			Plural (Mehrz.)
	Maskulinum	Femininum	Neutrum	alle 3 Geschl.
1. Nominativ	der	die	das	die
2. Genitiv	des	der	des	der
3. Dativ	dem	der	dem	den
4. Akkusativ	den	die	das	die

Heiner Müller: Grundwissen Grammatik – 5./6. Schuljahr
© Persen Verlag

Zusammen mit dem Nomen (Namenwort) verändert sich der unbestimmte Artikel (Begleiter) in den vier Fällen. Unbestimmte Artikel können also auch gebeugt werden.
Beim unbestimmten Artikel gibt es keinen Plural (Mehrzahl).

a) Genus (Geschlecht): ....

Kasus (Fall)	Frage	Numerus (Zahl) – Singular
1. Fall: Nominativ (Werfall)	Wer oder was?	.... Koch
2. Fall: Genitiv (Wessenfall)	Wessen?	.... Kochs
3. Fall: Dativ (Wemfall)	Wem?	.... Koch
4. Fall: Akkusativ (Wenfall)	Wen oder was?	.... Koch

b) Genus (Geschlecht): ....

Kasus (Fall)	Frage	Numerus (Zahl) – Singular
1. Fall: Nominativ (Werfall)	Wer oder was?	.... Zeitung
2. Fall: Genitiv (Wessenfall)	Wessen?	.... Zeitung
3. Fall: Dativ (Wemfall)	Wem?	.... Zeitung
4. Fall: Akkusativ (Wenfall)	Wen oder was?	.... Zeitung

c) Genus (Geschlecht): ....

Kasus (Fall)	Frage	Numerus (Zahl) – Singular
1. Fall: Nominativ (Werfall)	Wer oder was?	.... Feuer
2. Fall: Genitiv (Wessenfall)	Wessen?	.... Feuers
3. Fall: Dativ (Wemfall)	Wem?	.... Feuer
4. Fall: Akkusativ (Wenfall)	Wen oder was?	.... Feuer

Lerne die unbestimmten Artikel in allen 4 Fällen!

Kasus (Fall)	Singular (Einzahl)		
	Maskulinum	Femininum	Neutrum
1. Nominativ	ein	eine	ein
2. Genitiv	eines	einer	eines
3. Dativ	einem	einer	einem
4. Akkusativ	einen	eine	ein

So deklinieren (beugen) wir die Nomen (Namenwörter):

Wenn du unsicher bist, wie die Form des Nomens im Genitiv ist, schau im Wörterbuch nach.

a) ....

Genus (Geschlecht): ....

Kasus (Fall)	Frage	Numerus (Zahl)	
		Singular (Einzahl)	Plural (Mehrzahl)
1. Fall: Nominativ (Werfall)	Wer oder was?		
2. Fall: Genitiv (Wessenfall)	Wessen?		
3. Fall: Dativ (Wemfall)	Wem?		
4. Fall: Akkusativ (Wenfall)	Wen oder was?		

b) ....

Genus (Geschlecht): ....

Kasus (Fall)	Frage	Numerus (Zahl)	
		Singular (Einzahl)	Plural (Mehrzahl)
1. Fall: Nominativ (Werfall)	Wer oder was?		
2. Fall: Genitiv (Wessenfall)	Wessen?		
3. Fall: Dativ (Wemfall)	Wem?		
4. Fall: Akkusativ (Wenfall)	Wen oder was?		

c) ....

Genus (Geschlecht): ....

Kasus (Fall)	Frage	Numerus (Zahl)	
		Singular (Einzahl)	Plural (Mehrzahl)
1. Fall: Nominativ (Werfall)	Wer oder was?		
2. Fall: Genitiv (Wessenfall)	Wessen?		
3. Fall: Dativ (Wemfall)	Wem?		
4. Fall: Akkusativ (Wenfall)	Wen oder was?		

Grammatikkonferenz

Wenn bei einem Wort **der**, **die** oder **das**, **ein** oder **eine** davorsteht, ist das ein Nomen.

Woher weiß ich, ob ein Wort ein Nomen ist?

Alles, was man sehen oder anfassen kann, schreibt man groß. Denn das sind Nomen.

Wenn ein Wort im Wörterbuch einen Artikel dabeihat, ist es ein Nomen.

Alle Nomen schreibt man groß.

Nomen sind Wörter, bei denen man **der**, **die** oder **das** davorsetzen kann.

Alle Namen für Lebewesen, unbelebte und belebte Dinge sind Nomen.

Trotz vieler Regeln weiß man manchmal nicht genau, ob ein Wort ein Nomen (Namenwort) ist oder nicht. Man muss sich dann den Satz genauer ansehen.

Umstell-probe

1. Stelle die Wörter im Satz um:

Jeden Tag fährt mein Vater mit dem Auto zur Arbeit.

....

....

....

2. Bei der Umstellung bleiben bestimmte Wortgruppen immer zusammen. Kreise sie ein.

Wir sehen, dass .... steht.

Solche Wortgruppen nennt man .... Es bleibt nur das Verb übrig.

Es gibt auch Sätze mit sehr wenigen Wörtern. Wenn du sie erweiterst, stehen die Nomen (Namenwörter) wieder am Ende.

Erweiterungs-probe

3. Erweitere den Satz:

Das Fahrrad des Gärtners steht im Keller.

....

4. Kreise die Nominalgruppen in dem Satz ein.

Solch eine Erweiterung eines Satzes nennt man ....

Zur Erweiterung nimmt man immer Wörter, die man ebenso wie die Nomen

.... kann.

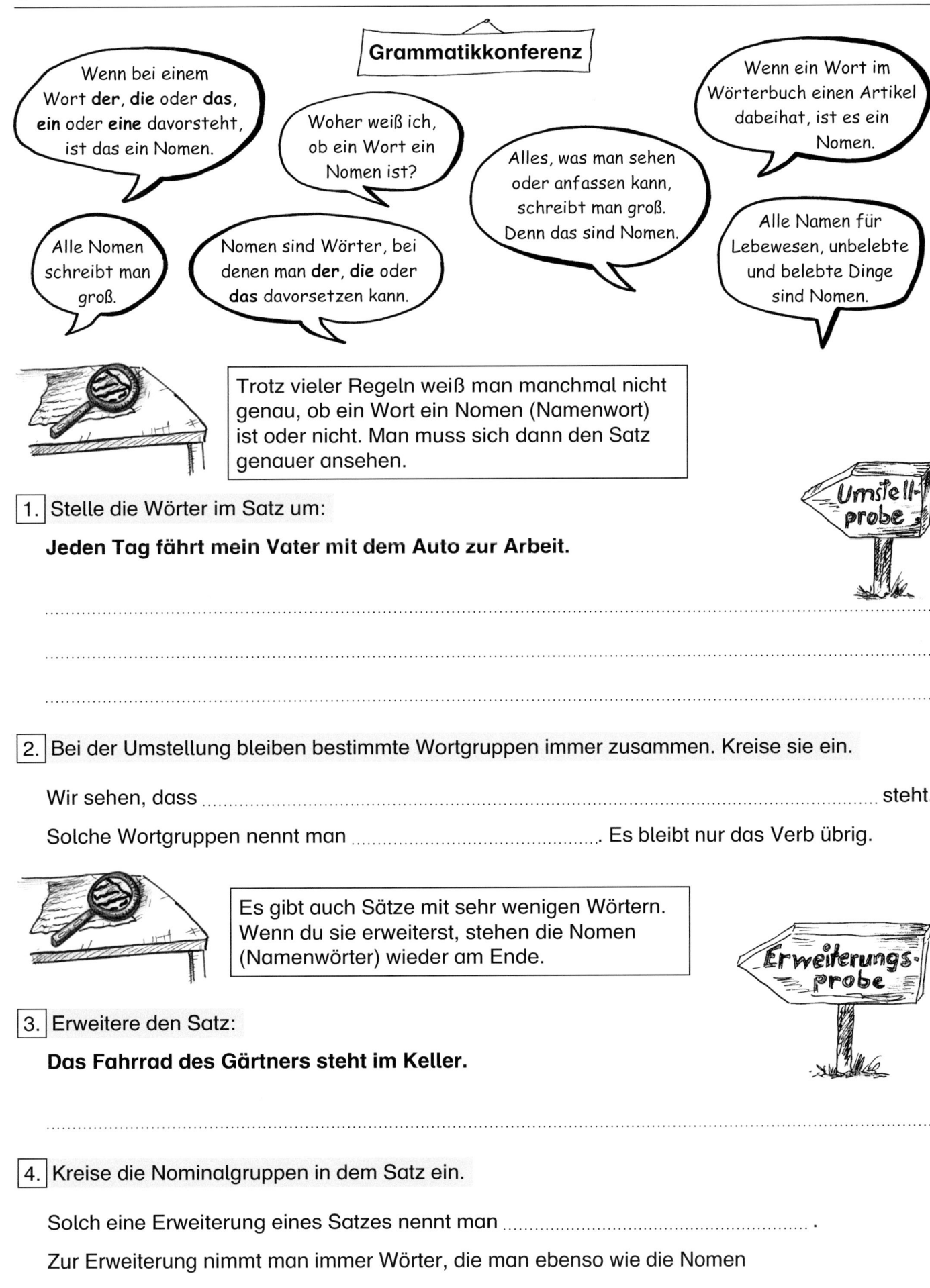

1. Unterstreiche die Nomen (Namenwörter).

2. Schreibe danach die Sätze richtig ab.

3. Kreise die Nominalgruppen ein.

Ein gefährlicher schulweg für kinder

....

Fast jeden tag fährt sina mit dem fahrrad zur schule.

....

Sina wohnt in einer ländlichen gegend in der elbmarsch.

....

Ihr weg führt zuerst auf einem deich entlang.

....

Dort gibt es keinen radweg und auch keinen gehweg.

....

Es gibt nur die straße mit einem schmalen sandstreifen an jeder seite.

....

Besonders im winter ist der schulweg gefährlich.

....

Neulich hätte sie fast einen unfall gehabt.

....

Da rauschte ganz dicht an ihr ein lastwagen vorbei.

....

Sina konnte den lenker gerade noch rechtzeitig herumreißen.

....

Außer einigen schrammen und einer beule war ihr nichts passiert.

....

Für jedes .... kann man ein .... einsetzen.

Es gibt unterschiedliche ....

1. Personalpronomen (persönliche Fürwörter)

Diese Pronomen stehen für ...., ... oder

....

Beispiele

Malte spielt gern Tennis.

.... spielt gern Tennis.

Lea kauft Schokolade.

.... kauft Schokolade.

Das Pferd wiehert im Stall.

.... wiehert im Stall.

Die Löwen brüllen im Zoo.

.... brüllen im Zoo.

Singular	1. Person: ....
	2. Person: ....
	3. Person: ....
Plural	1. Person: ....
	2. Person: ....
	3. Person: ....

2. Possessivpronomen (besitzanzeigende Fürwörter)

Sie zeigen an, ...

Beispiele

Tim gehört ein Lasso.

Tim verschenkt .... Lasso.

Alina gehört ein Lexikon.

Alina verleiht .... Lexikon.

Lea und Leo gehören zwei Hamster.

Lea und Leo füttern .... Hamster.

Singular	1. Person: ....
	2. Person: ....
	3. Person: ....
Plural	1. Person: ....
	2. Person: ....
	3. Person: ....

3. Interrogativpronomen (Fragefürwörter)

Damit fangen .... an. Sie stehen ....

Beispiele

Der Fuchs läuft in den Wald.

.... läuft in den Wald?

Sabine isst ein Eis.

.... isst Sabine?

Wir schauen dem Lehrer zu.

.... schauen wir zu?

Nach den vier Fällen
fragst du:
Wer? Was?
Wessen?
Wem?
Wen? Was?

4. Demonstrativpronomen (hinweisende Fürwörter)

Sie weisen auf etwas hin. Es sind ganz bestimmte Personen oder Dinge gemeint.

Beispiele

.... Auto gefällt mir gut.

.... Auto hat sehr

niedrige Sitze.

Demonstrativpronomen
werden wie Artikel
dekliniert.

Das Personalpronomen (persönliches Fürwort) kann in vier verschiedenen Fällen stehen.
Nach jedem Fall fragt man anders.

Numerus (Zahl): Singular (Einzahl)

Kasus (Fall)	Frage	1. Person	2. Person	3. Person Maskulinum (männlich)	Femininum (weiblich)	Neutrum (sächlich)
1. Nominativ	Wer oder was?					
2. Genitiv	Wessen?					
3. Dativ	Wem?					
4. Akkusativ	Wen oder was?					

Numerus (Zahl): Plural (Mehrzahl)

Kasus (Fall)	Frage	1. Person	2. Person	3. Person
1. Nominativ	Wer oder was?			
2. Genitiv	Wessen?			
3. Dativ	Wem?			
4. Akkusativ	Wen oder was?			

Lerne die Personalpronomen in allen 4 Fällen.

1. Ersetze das Nomen (Namenwort) durch das passende Personalpronomen im richtigen Fall. Unterstreiche es und schreibe dahinter in eine Klammer die Person und auch den Fall.

   1. Uta rief **den Arzt** an.

   ....

   2. Der Nachbar gab **Tim und Benedikt** den Ball.

   ....

   3. Carlo rief **seine Freundin** an.

   ....

   4. Die Familie gedachte **des Verstorbenen**.

   ....

   5. Vater fragte Lars: „Soll ich **(Lars)** helfen?"

   ....

Mit der richtigen Frage geht es leichter.

Das Verb (Zeitwort/Tunwort) sagt uns, wann etwas getan wird oder wann etwas geschieht.

Es gibt also .... und die .... an.

Deswegen bezeichnet man das Verb auch als ....

Die .... hängt von der .... ab, die etwas tut, und von der

................., in der etwas geschieht.

Beim Verb heißt die Veränderung der Form ....

Das kommt aus dem Lateinischen (coniungere = verbinden) und meint ....

....

Beispiele

1. Schreibe hier drei konjugierte (gebeugte) Verbformen (Personalformen) auf:

1. ....   2. ....   3. ....

Die konjugierte Verbform erkennt man an der Endung. Der Wortstamm bleibt im Präsens (Gegenwart) meistens gleich. Der Infinitiv (Grundform) hat immer die Endung **en**.

2. Setze die drei Beispiele in die Tabelle ein.

konjugierte Verbform (Personalform)	Infinitiv (Grundform)	Wortstamm	Endung
1.			
2.			
3.			

Beispiele

Es gibt aber auch zusammengesetzte Verbformen (Personalformen):
1. ich **habe gearbeitet**   **3.** es **war gesunken**
2. du **hattest gejagt**   **4.** ihr **werdet ernten**

3. Setze die vier Beispiele in die Tabelle ein.

konjugierte Verbform	infinite (unveränderte) Form
1.	
2.	
3.	
4.	

Bei den zusammengesetzten Verbformen sind die konjugierten Teile Formen der Hilfsverben

....

Woher weißt du, ob ein Wort ein Verb (Zeitwort) ist?

Wenn du in einem Satz .... veränderst (**PZV**),

verändert sich auch ....

Wenn du die Umstellprobe (**UP**) machst, bleibt neben den Nominalgruppen fast nur noch

.... übrig.

1. Kreise bei den folgenden Sätzen die Nominalgruppen ein und unterstreiche das Verb.
   Vergiss auch nicht den Verbzusatz bei zusammengesetzten Verben.

2. Verändere dann die Personen und die Zeiten (PZV).

3. Mache anschließend durch das Umstellen der Wortgruppen im Satz die Umstellprobe (UP).

Es gibt verschiedene Möglichkeiten.
Besprecht eure Beispiele in der Klasse.

PZV

....

1. **Nadja   spielt   mit   dem   Hund   auf   der   Wiese .**

UP

....

PZV

....

2. **Der   Fuchs   frisst   die   arme   Gans   auf .**

UP

....

PZV

....

3. **Toni   hatte   den   Reifen   gewechselt .**

UP

....

PZV

....

4. **Die   Leute   kauften   gestern   neue   Schuhe .**

UP

....

Diese Zeiten musst du dir merken:

Präsens (Gegenwart)	ich	ich ....
Präterium (1. Vergangenheit)	ich	ich ....
Perfekt (2. Vergangenheit)	ich	ich ....
Plusquamperfekt (Vorvergangenheit)	ich	ich ....
Futur (Zukunft)	ich	ich ....

Das **Präteritum (1. Vergangenheit)** wird bei den ....

.... gebildet:

ich mache   ich ....

du redest   du ....

Bei den starken Verben (Zeitwörter) ändert sich der

.... :

ich komme   ich ....

du springst   du ....

Das **Perfekt (2. Vergangenheit)** und das **Plusquamperfekt (Vorvergangenheit)** werden durch

die Personal- und Zeitformen von .... oder .... gebildet:

Außerdem kommt noch das .... hinzu.

Es bleibt bei allen Personen gleich und ist deshalb eine ....

Seine Endung ist bei a) schwachen Verben .... oder .... und bei b) starken Verben ....

   a) ich ....   ich ....

      du ....   du ....

   b) ich ....   ich ....

      ihr ....   ihr ....

Das **Futur (Zukunft)** wird durch die konjugierte Verbform von

.... gebildet.

....

So konjugieren (beugen) wir die schwachen Verben (Zeitwörter):

Infinitiv (Grundform): ....

Singular (Einzahl)	Präsens (Gegenwart)	Perfekt (2. Vergangenheit)
1. Person		
2. Person		
3. Person		
Plural (Mehrzahl)		
1. Person		
2. Person		
3. Person		

Singular (Einzahl)	Präteritum (1. Vergangenheit)	Plusquamperfekt (Vorvergangenheit)
1. Person		
2. Person		
3. Person		
Plural (Mehrzahl)		
1. Person		
2. Person		
3. Person		

Singular (Einzahl)	Futur (Zukunft)
1. Person	
2. Person	
3. Person	
Plural (Mehrzahl)	
1. Person	
2. Person	
3. Person	

Welche drei Stammformen der Verben musst du kennen?

den ....

das ....

das ....

Wie heißen die Stammformen von ....?

....

....

....

So konjugieren (beugen) wir die starken Verben (Zeitwörter):

Infinitiv (Grundform): ....

Singular (Einzahl)	Präsens (Gegenwart)	Perfekt (2. Vergangenheit)
1. Person		
2. Person		
3. Person		
Plural (Mehrzahl)		
1. Person		
2. Person		
3. Person		

Singular (Einzahl)	Präteritum (1. Vergangenheit)	Plusquamperfekt (Vorvergangenheit)
1. Person		
2. Person		
3. Person		
Plural (Mehrzahl)		
1. Person		
2. Person		
3. Person		

Singular (Einzahl)	Futur (Zukunft)
1. Person	
2. Person	
3. Person	
Plural (Mehrzahl)	
1. Person	
2. Person	
3. Person	

Welche drei Stammformen der Verben musst du kennen?

den ....

das ....

das ....

Wie heißen die Stammformen von ....?

....

....

....

Das Hilfsverb (Hilfszeitwort) **haben** wird manchmal

wie ein vollwertiges Verb (Vollverb) verwendet: ....

Infinitiv (Grundform): ....

Singular (Einzahl)	Präsens (Gegenwart)	Perfekt (2. Vergangenheit)
1. Person		
2. Person		
3. Person		
Plural (Mehrzahl)		
1. Person		
2. Person		
3. Person		

Singular (Einzahl)	Präteritum (1. Vergangenheit)	Plusquamperfekt (Vorvergangenheit)
1. Person		
2. Person		
3. Person		
Plural (Mehrzahl)		
1. Person		
2. Person		
3. Person		

Singular (Einzahl)	Futur (Zukunft)
1. Person	
2. Person	
3. Person	
Plural (Mehrzahl)	
1. Person	
2. Person	
3. Person	

Welche drei Stammformen der Verben musst du kennen?

den ....

das ....

das ....

Wie heißen die Stammformen von ....?

....

....

....

Auch das Hilfsverb (Hilfszeitwort) **sein** wird manchmal

wie ein vollwertiges Verb (Vollverb) verwendet: ....

Infinitiv (Grundform): ....

Singular (Einzahl)	Präsens (Gegenwart)	Perfekt (2. Vergangenheit)
1. Person		
2. Person		
3. Person		
Plural (Mehrzahl)		
1. Person		
2. Person		
3. Person		

Singular (Einzahl)	Präteritum (1. Vergangenheit)	Plusquamperfekt (Vorvergangenheit)
1. Person		
2. Person		
3. Person		
Plural (Mehrzahl)		
1. Person		
2. Person		
3. Person		

Singular (Einzahl)	Futur (Zukunft)
1. Person	
2. Person	
3. Person	
Plural (Mehrzahl)	
1. Person	
2. Person	
3. Person	

Welche drei Stammformen der Verben musst du kennen?

den ....

das ....

das ....

Wie heißen die Stammformen von ....?

....

....

....

Das Hilfsverb (Hilfszeitwort) **werden** wird manchmal

wie ein vollwertiges Verb (Vollverb) verwendet: ....

Infinitiv (Grundform): ....

Singular (Einzahl)	Präsens (Gegenwart)	Perfekt (2. Vergangenheit)
1. Person		
2. Person		
3. Person		
Plural (Mehrzahl)		
1. Person		
2. Person		
3. Person		

Singular (Einzahl)	Präteritum (1. Vergangenheit)	Plusquamperfekt (Vorvergangenheit)
1. Person		
2. Person		
3. Person		
Plural (Mehrzahl)		
1. Person		
2. Person		
3. Person		

Singular (Einzahl)	Futur (Zukunft)
1. Person	
2. Person	
3. Person	
Plural (Mehrzahl)	
1. Person	
2. Person	
3. Person	

Welche drei Stammformen der Verben musst du kennen?

den ....

das ....

das ....

Wie heißen die Stammformen von ....?

....

....

....

1. Ergänze die konjugierten (gebeugten) Verbformen.

	Infinitiv (Grundform)	Präsens (Gegenwart)	Präteritum (1. Vergangenheit)	Perfekt (2. Vergangenheit)	Plusquamperfekt (Vorvergangenheit)	Futur (Zukunft)
1.	lenken				er	
2.				wir haben gesessen		
3.						sie werden füllen
4.					ich hatte gestaunt	
5.				du bist geflohen		
6.			ihr kochtet			
7.	halten	es				
8.		wir denken				
9.	lernen					
10.					er hatte gewinkt	du
11.			ihr last			
12.			sie drehte			
13.				ich habe gewonnen		
14.						sie werden graben

1. Bestimme die konjugierten (gebeugten) Verbformen.
   Gib die Person, das Geschlecht (sofern ermittelbar), die Zahl (Numerus) und die Zeit
   (Tempus) an. Verwende folgende Abkürzungen:

Person	= Pers.	Präsens (Gegenwart)	= Präs.
Maskulinum	= m.	Präteritum (1. Vergangenheit)	= Prät.
Femininum	= f.	Perfekt (2. Vergangenheit)	= Perf.
Neutrum	= n.	Plusquamperfekt (Vorvergangenheit)	= Plusq.
Singular (Einzahl)	= Sing.	Futur (Zukunft)	= Fut.
Plural (Mehrzahl)	= Plur.		

Beispiele

1.	sie mähte	11.	wir werden treffen
2.	wir werden schlafen	12.	es hat vergeben
3.	du bist gekommen	13.	ich blies
4.	ihr habt geweint	14.	sie hat gefegt
5.	er war verreist	15.	ihr spucktet
6.	du warfst	16.	er war gestolpert
7.	sie hatten begonnen	17.	du wirst wandern
8.	ich habe gekauft	18.	ihr werdet aufräumen
9.	sie wird schwitzen	19.	sie hatten gewartet
10.	es ordnet	20.	wir fallen

Das Verb (Zeitwort) gibt es in zwei verschiedenen .... :

1. .... : ....

2. .... : ....

Das Aktiv (Tatform) kennst du schon.

Beim Passiv (Leideform) werden **die handelnden und die behandelten Personen oder Sachen vertauscht.**

Im Gegensatz zum Aktiv, bei dem jemand oder eine Sache etwas selbst (aktiv) tut, wird

....

....

Manchmal weiß man nicht, wer oder was die Handlung ausführt:

....

....

Dadurch wird die Handlung (...) stärker hervorgehoben.

Für die Konjugation (Beugung) der Verben braucht man die Personal- und Zeitformen

von .... und ...., außerdem ....

Merke dir die Übersicht der Zeiten im Aktiv und Passiv.

Tempus (Zeit)	Aktiv (Tatform)	Passiv (Leideform)
Präsens (Gegenwart)		
Präteritum (1. Vergangenheit)		
Perfekt (2. Vergangenheit)		
Plusquamperfekt (Vorvergangenheit)		
Futur (Zukunft)		

1. Trage die fehlenden Sätze in die Tabelle ein.

Aktiv (Tatform)	Passiv (Leideform)
Sie hört.	
Wir traten.	
	Er wurde verfolgt.
	Ihr wurdet verletzt.
	Es wird geschüttelt.
Du schlägst.	
	Sie wurden gegriffen.
Ich stützte.	

2. Unterstreiche alle Lebewesen oder Dinge, die im Akkusativ (4. Fall) stehen.
Wandle anschließend die Sätze ins Passiv um.

Dabei wird mit den Lebewesen oder Dingen etwas getan.
Das Akkusativ-Objekt (Fallergänzung im 4. Fall) wird zum ....

1. Die Rotkehlchen verlassen das Nest.

....

2. Der Kuckuck legt ein Ei ab.

....

3. Die Rotkehlchen brüten alle Eier aus.

....

4. Der junge Kuckuck verdrängt die kleinen Rotkehlchen.

....

5. Die alten Rotkehlchen versorgen den Kuckuck.

....

6. Später verlässt der Kuckuck das Nest.

....

7. Die Rotkehlcheneltern suchen den dicken Kuckuck.

....

8. Die Rotkehlcheneltern bauen ein neues Nest.

....

1. Verwandle den Bericht in eine Gebrauchsanleitung.
   Verwende dabei das Passiv (Leideform).

Das Auswechseln einer Glühlampe

1. Nina schaltet zuerst
   die Sicherung aus.
   ....

2. Dann schraubt sie die alte
   Glühlampe aus der Fassung.
   ....

3. Nun prüft sie die alte Glühlampe,
   ob sie kaputt ist.
   ....

4. Sie legt die kaputte Glühlampe
   zum Sondermüll.
   ....

5. Danach sucht sie eine passende
   neue Glühlampe heraus.
   ....

6. Diese schraubt sie in die leere
   Fassung hinein.
   ....

7. Dann schaltet sie die Sicherung
   wieder an.
   ....

8. Zum Schluss schaltet sie den
   Lichtschalter an, um zu prüfen,
   ob die Glühlampe leuchtet.
   ....

2. In welcher Zeit und in welcher Handlungsart stehen diese Sätze?
   Die Buchstaben der richtigen Lösungen ergeben ein Wort.

		Präsens Passiv	Futur Aktiv
1.	Wir werden jeden Morgen von Marens Oma begrüßt.	L	W
2.	Nächste Woche werden wir mit ihr nach Hannover fahren.	A	I
3.	Unterwegs wird sie mit uns in Celle Rast machen.	L	N
4.	Dann werden alle Butterbrote aufgegessen.	D	L
5.	Maren wird uns dorthin begleiten.	R	W
6.	Helen und Sven werden auch zur Feier eingeladen.	U	A
7.	Die Koffer werden von ihnen gepackt.	R	U
8.	Alle werden hungrig sein.	S	M

Lösungswort: ☐ ☐ ☐ ☐ ☐ ☐ ☐ ☐

Mit dem Imperativ (Befehlsform) wird ....

Er wird in .... verwendet und steht dann in ....

Am Ende des Befehlssatzes steht ein ....

Den Imperativ gibt es nur im ....

(Beispiele)

„**Bring(e)** mir den Ball!"
„**Wirf** das Papier weg!"

Hier wird nur eine Person, die

...., angesprochen.

(Beispiele)

„**Macht** nicht solchen Lärm!"
„**Redet** nicht so viel!"

Hier werden mehrere Personen, die

...., angesprochen.

1. Unterstreiche den Imperativ der Verben (Zeitwörter) und schreibe den Infinitiv (Grundform) dazu.

		Infinitiv (Grundform)
1.	„Reich mir mal den Hammer!"	
2.	„Halte bitte das Brett!"	
3.	„Pass doch besser auf!"	
4.	„Sei nicht gleich beleidigt!"	
5.	„Lies die Anleitung genauer!"	
6.	„Gib mir die Säge!"	

2. Ergänze die Imperative (Befehlsformen).

Infinitiv (Grundform)	Imperativ (Befehlsform)		Infinitiv (Grundform)	Imperativ (Befehlsform)	
	Sing. (Einz.)	Plur. (Mehrz.)		Sing. (Einz.)	Plur. (Mehrz.)
ordnen			schicken		
retten			essen		
waschen			wiegen		
laufen			sprechen		
berichten			geben		
rühren			reisen		
stricken			werfen		

Die Modalverben (Zeitwörter der Art und Weise) .... **verändern** oft **den Sinn** von anderen Verben. Dann werden sie wie Hilfsverben (Hilfszeitwörter) benutzt:

Wir .... gut rechnen.

Niklas .... ins Kino gehen.

Beispiele

Manchmal werden sie aber auch wie Vollverben verwendet:
Sie **mag** Schokolade.
Wir **wollen** das nicht.

1. Schreibe die Sätze mit den angegebenen Modalverben auf.

1. **Alle Leute fahren in den Urlaub.** (wollen)

   ....

2. **Die ganze Klasse nahm am Wettkampf teil.** (dürfen)

   ....

3. **Ich esse gern Kirschtorte mit Sahne.** (mögen)

   ....

4. **Ohne Fahrrad komme ich nicht pünktlich zur Schule.** (können)

   ....

5. **Sie blieb heute leider zu Hause.** (müssen)

   ....

6. **Warum hilfst du ihr nicht?** (wollen)

   ....

7. **Die Kinder gingen auch bei Regen auf den Schulhof.** (müssen)

   ....

8. **Niemand bleibt ohne Arbeit.** (sollen)

   ....

2. Kreuze an, wie die Modalverben hier verwendet werden.

		Hilfsverb	Vollverb
1.	Jonas sollte wieder zur Kur.		
2.	Samir darf sich etwas kaufen.		
3.	Alle wollen zum Sportplatz gehen.		
4.	Kemal mag keine Feigen.		
5.	Lottas Vater kann einfach alles.		

Adjektive sagen uns, welche .... die Lebewesen und Dinge haben.
Adjektive (Eigenschaftswörter) schreibt man klein.

1. Steigerung von Adjektiven

Beispiele

	Positiv (Grundstufe)	Komparativ (Höherstufe)	Superlativ (Höchststufe)
a)	lang kurz	länger kürzer	am längsten am kürzesten
b)	viel gut	mehr besser	am meisten am besten
c)	innere äußere	– –	innerste äußerste
d) Manche Adjektive kann man gar nicht steigern, z. B.:			

2. Vergleiche von Eigenschaften

Beispiele: Der Kirchturm ist .... die Eiche.

Die Eiche ist .... die Buche.

1. Bilde Sätze mit den Eigenschaften der Lebewesen und Dinge.
(Manchmal gibt es mehrere Möglichkeiten.) Unterstreiche **als** und **so – wie**.

a) Elefant/Maus: ....

b) Schnecke/Fuchs: ....

c) Tiger/Löwe: ....

d) Eisen/Watte: ....

e) Radio 30 €/Wecker 30 €: ....

3. Deklination (Beugung) von Adjektiven

Ebenso wie Artikel (Begleiter) und Nomen (Namenwörter) werden auch Adjektive

...., wenn sie vor einem Nomen stehen.

2. Setze die deklinierte (gebeugte) Form der Adjektive ein.

a) Das ist das Haus des .... Mannes. (alt)

b) Er schenkte ihr eine .... Blume. (schön)

c) Wir alle waren einmal .... Kinder. (klein)

d) Der Wagen gehört dem .... Nachbarn. (neu)

e) Die .... Säcke stehen an der Straße. (gelb)

Die Präpositionen (Verhältniswörter) gehören zu den Partikeln. Sie sind in ihrer Form **nicht veränderbar**.

Sie werden ....

....

Sie geben an, ... :

Beispiele

der Apfel **auf** dem Tisch, die Wiese **hinter** dem Zaun,
die Straße **nach** Paris, die Person **vor** dir

Präpositionen geben meistens ein .... an:

du fährst .... – ....

ihr trainiert .... – ....

Bei den Präpositionen

....

....

steht der .... auf die Frage: ....

oder der .... auf die Frage: ....

1. Unterstreiche die Präpositionen und die nachfolgenden Nomen und schreibe das passende Fragewort und den Fall neben die Sätze.

	Fragewort	Kasus (Fall)
1. Die Sportler trainieren auf dem Platz.		
2. Der Vogel fliegt über das Dach.		
3. Zwischen den Pfosten steht der Torwart.		
4. Unter dem Erdgeschoss befindet sich der Keller.		
5. Leonie stellt sich neben die Tür.		
6. Theo wirft den Ball in den Korb.		
7. Ronja steht an der Hauswand.		
8. Nilay versteckt sich hinter der Tanne.		
9. Antonio geht in den Wald.		

1

Bei den Präpositionen (Verhältniswörter)

....

....

steht der .... :

durch den Wald laufen
um einen See wandern

2

Bei den Präpositionen

....

....

steht immer der ....
Das gilt auch dann, wenn eine Richtung angegeben wird:

Ich gehe **zu** der Sporthalle.   –   ....

Bei der Hütte steht ein Busch. –   ....

Seit dem Fest ist er krank.   –   ....

Manche Präpositionen (Verhältniswörter)

.... mit den Artikeln (Begleiter):

in dem = ...

zu dem = ...

zu der = ...

3

Bei den Präpositionen

....

....

....

....

steht der ....

1. Bilde Sätze zu den Präpositionen mit dem Genitiv (s. Kasten 3).

....

....

....

....

2. Schreibe auch Sätze zu den Präpositionen mit dem Akkusativ
und dem Dativ (s. Kasten 1 und 2) in dein Heft.

Die Adverbien (Umstandswörter) gehören zu den Partikeln und sind in ihrer Form ....

.... Sie bezeichnen die ....

1

Man unterscheidet Adverbien
a) **des Ortes (lokal):**

        Fragen: ....

        Antworten: ....

b) **der Zeit (temporal):**

        Fragen: ....

        Antworten: ....

c) **der Art und Weise (modal):**

        Fragen: ....

        Antworten: ....

d) **des Grundes (kausal):**

        Fragen: ....

        Antworten: ....

2

Adverbien können andere Wörter näher bestimmen:

    a) **ein Verb (Zeitwort):** ....

    b) **ein Adjektiv (Eigen-**
       schaftswort): ....

    c) **ein Adverb**
       (Umstandswort): ....

    d) **ein Nomen**
       (Namenwort): ....

3

Manche Adverbien kann man steigern:

    a) **regelmäßig:** ....

       ....

       ....

    b) **unregelmäßig:** ....

       ....

       ....

4

Interrogativadverbien (Frageumstandswörter) leiten eine Frage ein:

....

(Wenn sie einen Relativsatz einleiten, bezeichnet man sie als Relativadverbien, z. B.: Der Platz, **wohin** wir gehen sollten, war unbekannt.)

---

1. Unterstreiche alle Partikeln („Teilchenwörter") im Text und sortiere sie in die Tabelle ein.

Eine Unterrichtsstunde im Freien

Manchmal geht die Klasse 6b in der sechsten Stunde zum Dorfteich.

Dort beobachten die Kinder die Enten oder die Haubentaucher.

Vor dem Teich befindet sich eine große Wiese mit vielen Löwenzahnpflanzen.

Da verweilen die Enten am Tage gern.

Obwohl sie die Kinder manchmal kaum sehen können, flüchten sie sofort.

Dann retten sie sich auf den Teich.

Denn hier sind sie sicher.

Präpositionen (Verhältniswörter)	Adverbien (Umstandswörter)			Konjunktionen (Bindewörter)
	des Ortes (lokal)	der Zeit (temporal)	der Art und Weise (modal)	

2. Ergänze die Interrogativadverbien (Frageumstandswörter):

1. .... geht die Klasse 6b zum Dorfteich? ....
2. .... beobachten die Kinder die Enten? ....
3. .... retten sich die Enten? ....
4. .... sind sie sicher? ....

3. Schreibe weitere Fragen mit Interrogativadverbien (Frageumstandswörter) auf.

....

....

....

(Achtung! Verwechsle die Interrogativadverbien nicht mit Interrogativpronomen (Fragefürwörter). Denn diese stehen für Personen, unbelebte oder gedachte Dinge: wer, was, wen.)

Heiner Müller: Grundwissen Grammatik – 5./6. Schuljahr
© Persen Verlag

Die Konjunktion

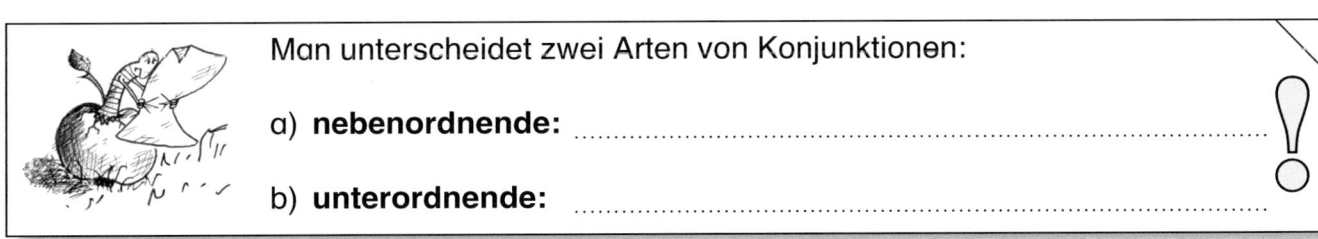

> Auch die Konjunktionen (Bindewörter) gehören zu den Partikeln
> („Teilchenwörter"). Sie sind ....
>
> Konjunktionen verbinden
>
> .... miteinander:
>
> **1** ❗
>
> a) **Wörter:** ....
>
> b) **Wortgruppen:** ....
>
> c) **Sätze:** ....
>
> ....
>
> ....

> Man unterscheidet zwei Arten von Konjunktionen:
>
> **2** ❗
>
> a) **nebenordnende:** ....
>
> b) **unterordnende:** ....

Die Interjektion

> Interjektionen (Ausrufewörter) sind
>
> ....
>
> ....
>
> Sie können in der Form ....

Interjektionen können Folgendes ausdrücken:

a) **Gefühle** wie z. B. Freude, Schmerz oder Verwunderung:

....

b) **Zurufe oder Befehle:**

Roar!

....

c) **Schallnachahmungen oder Tierlaute:**

....

Die Numeralien (Zahlwörter) bezeichnen ....

Sie werden meistens .... verwendet und geben

dann die Menge von Lebewesen oder Dingen an. (Ausnahmen siehe unten!)

Im Gegensatz zu Adjektiven (Eigenschaftswörter) kann man Numeralien aber ....

....

Beispiele

Manche Numeralien kann man deklinieren (beugen), manche nicht.

....

....

Es gibt verschiedene Arten von Numeralien:

1. Bestimmte Numeralien (Zahlwörter):
  a) Kardinalzahlen (Grundzahlen):

  ....   Frage: ....

  b) Ordinalzahlen (Ordnungszahlen):

  ....   Frage: ....

2. Unbestimmte Numeralien (Zahlwörter):

  ....

3. Sonstige Numeralien (Zahlwörter):

  ....

  ....

  ....

  ....

  ....

Numeralien schreibt man meistens klein: ....

Nur wenn sie wie Nomen (Namenwörter) verwendet werden, schreibt man sie groß:

....

Manchmal werden Numeralien auch wie Adverbien (Umstandswörter) verwendet.
Sie geben dann die Häufigkeit einer Handlung an:

....

Name: _____   Datum: _____   Ergebnis: _____

Fragen	Lösungen	Punkte
1. **Zu welchen Wortarten gehören diese Wörter?** a) ihm, ihnen, euch		
b) wo? wann? warum?		
c) euer, unser, dein		
d) wem? wessen? was?		
e) einige, wenige, paar		
f) gegen, für, durch, an		
g) übermorgen, gestern		
h) wenn, dass, aber, oder		
2. **Welche Zeit ist das?** a) Sie haben gesagt.		
b) Wir hatten gewonnen.		
c) Ich werde verreisen.		
3. **Aktiv oder Passiv?** a) Wir werden lesen.		
b) Sie werden gerufen.		
c) Er wurde gehört.		
4. **Was erkennt man an diesen Endungen?** Er läuft. Ich laufe.		
5. **Welche Handlungsarten gibt es bei Verben (Zeitwörter)?**		
6. **Wie heißen diese Formen des Verbs (Zeitwort)?** a) reden		
b) rede!		
c) geredet		
7. **Nenne drei Modalverben (Zeitwörter der Art und Weise).**		
8. **Bilde das Passiv (Leideform) zu:** Ich rette.		
9. **Bilde das Aktiv (Tatform) zu:** Wir wurden gerufen.		
10. **Welche Hilfsverben (Hilfszeitwörter) braucht man für die verschiedenen Zeitstufen der Verben (Zeitwörter)?**		

Mit Hilfe der .... kann man die Anzahl der Satzglieder ermitteln.

1. Stelle die Wörter im Satz so oft wie möglich um, ohne den Sinn zu verändern. Kreise die Wortgruppen ein, die zusammengeblieben sind.

Der kleine Moritz fliegt am Sonntag nach Kanada.

1. ....

2. ....

3. ....

4. ....

2. Stelle die Wörter wieder so oft wie möglich um. Unterstreiche dann die Wortgruppen, die zusammengeblieben sind.

Gestern kauften wir von unserem Taschengeld auf dem Markt frisches Obst.

1. ....

2. ....

3. ....

4. ....

5. ....

6. ....

7. ....

8. ....

9. ....

3. Was fällt dir auf?

....

....

Es gibt verschiedene Arten von **Fragesätzen**.

Bei einer 1

.... :

....

1. | Verwandle die folgenden Aussagesätze in Entscheidungsfragen. Unterstreiche dann das Verb (Zeitwort) und den dazugehörenden Verbzusatz (falls vorhanden).

1. Raja putzt regelmäßig ihre Zähne.

....

2. Meike kauft für ihre Oma ein.

....

3. Vater arbeitet heute länger.

....

4. Kai fährt mit seinen neuen Skiern.

....

Bei einer Entscheidungsfrage steht ....

....

Bei einer 2

.... :

....

....

Hier steht das konjugierte Verb an ....

Der Aufforderungssatz

Mit **Aufforderungssätzen** wird jemand aufgefordert, etwas zu tun:

....

....

Das Verb (Zeitwort) steht im Imperativ (Befehlsform) an erster Stelle des Aufforderungssatzes.

Wie erkennst du die Satzglieder?

Durch die .... kannst du erkennen, welche Wörter zu einem Satzglied gehören.

1. Kreise die Satzglieder ein. Satzglieder sind die Wortgruppen, die beim Umstellen zusammenbleiben.

Beispiele

Heute   baut   der   Mechaniker   dem   Auto   ein   neues   Radio   ein   .

Dem   Auto   baut   der   Mechaniker   heute   ein   neues   Radio   ein   .

Ein   neues   Radio   baut   der   Mechaniker   heute   dem   Auto   ein   .

So bestimmt man die Satzglieder:

Der Mechaniker	baut	heute	dem Auto	ein neues Radio	ein.
Subjekt (Satzgegenstand)	Prädikat (Satzaussage)	adverbiale Bestimmung der Zeit (Umstandsergänzung der Zeit)	Dativ-Objekt (Fallergänzung im 3. Fall)	Akkusativ-Objekt (Fallergänzung im 4. Fall)	Verbzusatz (gehört zum Prädikat/zur Satzaussage)
a)	b)	c)	d)	e)	
Frage:	Frage:	Frage:	Frage:	Frage:	

2. Schreibe die vollständigen Fragen nach den Satzgliedern auf. Frage nach …

a) dem Subjekt: ....

b) dem Prädikat: ....

c) der adverbialen Bestimmung der Zeit: ....

d) dem Dativ-Objekt: ....

e) dem Akkusativ-Objekt: ....

Heiner Müller: Grundwissen Grammatik – 5./6. Schuljahr
© Persen Verlag

Ein einfacher Satz besteht aus .... Satzgliedern:

1. dem .... – Frage: ....

2. dem .... – Frage: ....

Das .... kann ein .... oder

ein .... sein.

Das .... ist ein .... oder eine

....

Das Subjekt und das Prädikat stimmen in der .... überein.

a) ....

b) ....

zu b)

....

....

c) ....

....

zu c)

....

....

d) ....

....

zu d)

....

....

Manchmal muss man einen Satz durch weitere Angaben ergänzen (erweitern), um einen gemeinten Sinn vollständig wiederzugeben. Dann kommen .... hinzu:

3. ....

....

4. ....

adverbiale Bestimmungen	Fragen
a) des Ortes	
b) der Zeit	
c) der Art und Weise	
d) des Grundes	
e) des Zweckes	
f) des Mittels	
g) der Folge	
h) des nicht zureichenden Gegengrundes	
i) der Bedingung	

1. | Trenne die einzelnen Satzglieder durch senkrechte Striche ab.

2. | Bestimme die Satzglieder. Verwende folgende Abkürzungen:

Subjekt	= Subj.	adverbiale Bestimmung (temporal)	= a. B. (temp.)
Prädikat	= Präd.	adverbiale Bestimmung (lokal)	= a. B. (lok.)
Dativ-Objekt	= Dat.-Obj.	adverbiale Bestimmung (modal)	= a. B. (mod.)
Akkusativ-Objekt	= Akk.-Obj.	adverbiale Bestimmung (final)	= a. B. (fin.)
		adverbiale Bestimmung (instrumental)	= a. B. (instr.)
		adverbiale Bestimmung (kausal)	= a. B. (kaus.)
		Verbzusatz zum Prädikat	= Verbz. z. Präd.

1.	Letzten Monat unternahm die Klasse 6b einen Ausflug nach Cuxhaven.
2.	Die Sonne strahlte heiß auf den weißen Strand.
3.	Viele Kinder aßen unterwegs ihre Brote und Kekse auf.
4.	Ein Junge schenkte seiner Lehrerin eine Tafel Schokolade.
5.	Die Lehrerin verteilte die Tafel an die Schüler und Schülerinnen.
6.	Nach einer kurzen Rast am Deich gingen alle zum Strand.
7.	Dort wurden die Rucksäcke auf den Sand gelegt.
8.	Einige Kinder zogen ihre Schuhe und Strümpfe aus.
9.	Danach liefen sie schnell zum Wasser.
10.	Mit Schaufeln und Spaten bauten sie hier große Burgen.
11.	Zum Bauen brauchten sie viel Sand und Schlick.
12.	Vor lauter Eifer vergaßen sie ihr Essen.
13.	Am Abend kamen sie um 20 Uhr zu Hause an.

Heiner Müller: Grundwissen Grammatik – 5./6. Schuljahr
© Persen Verlag

Wenn wir in einer Erzählung oder einem Bericht etwas Gesprochenes in dem Wortlaut

wiedergeben, in dem es gesagt wurde, benutzen wir ....

Zur wörtlichen Rede gehören:

.... und ....

....

Im Begleitsatz erfährst du, wer redet.
Am Ende des vorangestellten
Begleitsatzes steht

....

Am Anfang und am Ende der wörtlichen
Rede stehen die ....
und zwar am Anfang

.... und am Ende ....

....

Beispiele

a) Anna sagt   Ich gehe heute ins Kino

b) Anna fragt   Darf ich heute ins Kino

c) Anna bittet   Geh doch mit mir ins Kino

d) Anna schreit   Hurra, ich darf ins Kino

An den Beispielen kannst du sehen, dass der wörtliche Text aus ....

bestehen kann. Danach richten sich dann die ....

1. Um welche Satzarten handelt es sich beim wörtlichen Text in den Beispielen a) bis d)?

a) ....

b) ....

c) ....

d) ....

Vergiss bei der wörtlichen
Rede nie die

.... !

Der Begleitsatz kann bei der wörtlichen Rede auch nachgestellt werden.

a)   Ich gehe heute ins Kino   sagt Anna.

b)   Darf ich heute ins Kino   fragt Anna.

c)   Geh doch mit mir ins Kino   bittet Anna.

d)   Hurra, ich darf ins Kino   schreit Anna.

Beispiele

Wenn der Begleitsatz nachgestellt wird, steht vor ihm immer

....

Die wörtliche Rede steht immer in .... und

behält auch die dazugehörigen ....

.... Nur beim Aussagesatz wird der Punkt am

Ende .... (Beispiel a)

Der Begleitsatz wird manchmal in der Mitte eingeschoben:

Beispiele

      Ich gehe heute   sagt Anna   ins Kino

      Darf ich heute   fragt Anna   ins Kino

      Geh doch   bittet Anna   mit mir ins Kino

      Hurra, ich darf   schreit Anna   ins Kino

Wenn die wörtliche Rede durch den Begleitsatz unterbrochen wird,
steht am Anfang und am Ende des Begleitsatzes jeweils ein Komma.

Die Satzschlusszeichen der wörtlichen Rede stehen erst ....
des zweiten Teiles.

Beide Teile der wörtlichen Rede werden von ....
begrenzt.

Bei einem
eingeschobenen Begleitsatz
braucht man für die wörtliche
Rede doppelt so viele
Anführungszeichen.

Heiner Müller: Grundwissen Grammatik – 5./6. Schuljahr
© Persen Verlag

Name: _____ Datum: _____

Fragen	Lösungen	Punkte
1.	**Nenne die Satzglieder dieses Satzes der Reihe nach! (Kürze die Bezeichnungen ab!)** Tim spielt regelmäßig Handball im Stadion.		
2.	**Wie fragt man nach der adverbialen Bestimmung (Umstandsergänzung) ... (Gib mindestens zwei Fragewörter an!)** a) des Grundes (kausal)?		
	b) des Ortes (lokal)?		
	c) der Zeit (temporal)?		
	d) der Art und Weise (modal)?		
3.	**Nenne die beiden Arten der Fragesätze!**		
4.	**Wie ermittelt man die Anzahl der Satzglieder?**		
5.	**An welchen Stellen kann der Begleitsatz bei der wörtlichen Rede stehen?**		
6.	**Welche Satzzeichen braucht man bei der wörtlichen Rede immer?**		
7.	**Wie fragt man nach ...** a) dem Dativ-Objekt (Fallergänzung im 3. Fall)?		
	b) dem Akkusativ-Objekt (Fallergänzung im 4. Fall)?		
8.	**Woraus besteht das Subjekt (Satzgegenstand) meistens? Nenne zwei Möglichkeiten!**		
9.	**An welcher Stelle steht das konjugierte Verb (gebeugte Zeitwort) immer im Aussagesatz?**		
	Ergebnis:	

2 Das Nomen und der Artikel

Das ...*Nomen (Namenwort)*... bezeichnet alle Lebewesen und Dinge mit Namen.

1. Lebewesen

Menschen: *Anton, Schwester, Herr, Pilot, Nachbar*

Tiere: *Affe, Fuchs, Hering, Spinne, Krebs*

Pflanzen: *Krokus, Flieder, Palme, Weizen, Gras*

2. unbelebte Dinge: *Radio, Tasche, Bluse, Bleistift, Motor*

3. gedachte Dinge: (z. B. Begriffe für Zustände, Gefühle, Sinneseindrücke) *Frieden, Stolz, Mut, Furcht, Lärm, Kälte*

Nomen (Namenwörter) sind Namen für Lebewesen, unbelebte und gedachte Dinge. Nomen (Namenwörter) schreibt man groß.

Nomen können im ...*Singular (Einzahl)*... oder im ...*Plural (Mehrzahl)*... stehen.

Zu jedem Nomen gehört ein ...**Artikel (Begleiter)**.

Der Artikel (Begleiter) gibt das Geschlecht des Nomens an.

Deswegen heißt der Artikel auch ...*Geschlechtswort*...

Anzahl \\ Geschlecht	bestimmter Artikel		unbestimmter Artikel
	Singular (Einzahl)	Plural (Mehrzahl)	Singular (Einzahl)
Maskulinum (männlich)	*der* Strand	*die* Strände	*ein* Strand
Femininum (weiblich)	*die* Badehose	*die* Badehosen	*eine* Badehose
Neutrum (sächlich)	*das* Handtuch	*die* Handtücher	*ein* Handtuch

Vom unbestimmten Artikel gibt es keine Pluralform!

1 Verschiedene Wortarten

Wörter können zu verschiedenen Wortarten gehören.

Bezeichnungen (lateinisch)	Bezeichnungen (deutsch)		Beispiele
Nomen	Namenwort		*Mädchen, Maus, Birne, Radio ...*
Artikel	Begleiter	bestimmter	*der, die, das*
		unbestimmter	*ein, eine*
Verb	Zeitwort		*laufen, erzählen, lesen*
Hilfsverb	Hilfszeitwort		*haben, sein, werden*
Modalverb	Zeitwort der Art und Weise		*können, dürfen, mögen*
Adjektiv	Eigenschaftswort (Wiewort)		*dicht, glatt, groß*
Numerale	Zahlwort	bestimmtes	*eins, vierzig, hundert*
		unbestimmtes	*viele, wenige, einige*
Interjektion	Ausrufewort		*he! ha! aha! oje!*
Personalpronomen	persönliches Fürwort		*ich, du, er, sie, es, wir*
Possessivpronomen	besitzanzeigendes Fürwort		*mein, dein, sein, unser*
Interrogativpronomen	Fragefürwort		*wer? wessen? wem? wen?*
Demonstrativpronomen	hinweisendes Fürwort		*dieser, derselbe, jener*
Relativpronomen	bezügliches Fürwort		*der, das, welches, was*
Präposition	Verhältniswort		*an, auf, hinter, in, unter*
Adverb	Umstandswort		*hier, heute, bald, schon*
Interrogativadverb	Frageumstandswort		*warum? wo? wann? wie?*
Konjunktion	Bindewort		*und, denn, weil, aber*

(Personalpronomen bis Relativpronomen: Fürwort / Pronomen)
(Präposition bis Konjunktion: „Teilchenwort" / Partikel)

Präge dir die Wortarten gut ein! Lerne die lateinischen Bezeichnungen wie Vokabeln!

Die vier Fälle des Nomens mit bestimmtem Artikel – Singular

Das Nomen (Namenwort) kann in einem Satz in vier verschiedenen Fällen stehen. Nach jedem Fall fragt man anders.

1. Setze bei c), b) und c) jeweils Nomen mit bestimmten Artikeln (Begleiter) in der männlichen, weiblichen und sächlichen Form ein.

Beispiele im Singular (Einzahl)	Frage	Kasus (Fall)
1. a) *Der Vater* liest die Zeitung.	*Wer* liest die Zeitung?	1. Fall: *Nominativ* *(Werfall)*
b) *Die Mutter* liest die Zeitung.		
c) *Das Kind* liest die Zeitung.		
2. a) Das Fahrrad *des Vaters* quietscht.	*Wessen* Fahrrad quietscht?	2. Fall: *Genitiv* *(Wessenfall)*
b) Das Fahrrad *der Mutter* quietscht.		
c) Das Fahrrad *des Kindes* quietscht.		
3. a) Ich gebe *dem Vater* das Glas.	*Wem* gebe ich das Glas?	3. Fall: *Dativ* *(Wemfall)*
b) Ich gebe *der Mutter* das Glas.		
c) Ich gebe *dem Kind* das Glas.		
4. a) Wir sehen *den Vater* im Garten.	*Wen* sehen wir im Garten?	4. Fall: *Akkusativ* *(Wenfall)*
b) Wir sehen *die Mutter* im Garten.		
c) Wir sehen *das Kind* im Garten.		

Achte auf die bestimmten Artikel und auf die Endungen der Nomen.

Jedes Nomen kann in vier verschiedenen Fällen stehen. Wir fragen:

Wer oder was? → 1. Fall: **Nominativ** (Werfall)
Wessen? → 2. Fall: **Genitiv** (Wessenfall)
Wem? → 3. Fall: **Dativ** (Wemfall)
Wen oder was? → 4. Fall: **Akkusativ** (Wenfall)

Nomen sortieren und zusammensetzen

1. Sortiere diese Nomen (Namenwörter).

Trompete   Sieg   Schloss   Ritter   Hunger   Kette   Idee   Techniker
Boot   Kastanie   Stille   Onkel   Maschine   Storch   Verständnis

2. Schreibe die Nomen mit ihren bestimmten Artikeln (Begleiter) in die Tabelle.

Lebewesen	unbelebte Dinge	gedachte Dinge
der Ritter	die Trompete	der Sieg
der Techniker	das Schloss	der Hunger
die Kastanie	die Kette	die Idee
der Onkel	das Boot	die Stille
der Storch	die Maschine	das Verständnis

Aus zwei Nomen kann man neue *zusammengesetzte Nomen* machen. Dabei ist der erste Wortteil das *Bestimmungswort*. Der zweite Wortteil ist das *Grundwort*. Das Grundwort legt den bestimmten Artikel fest:

Beispiele

Aus *das Auto* und *die Bahn* wird *die Autobahn*. Manchmal muss dabei an der *Verbindungsstelle (Fuge)* ein Buchstabe eingeschoben werden:
aus *Abschied* und *Kuss* wird *der Abschied**s**kuss*.

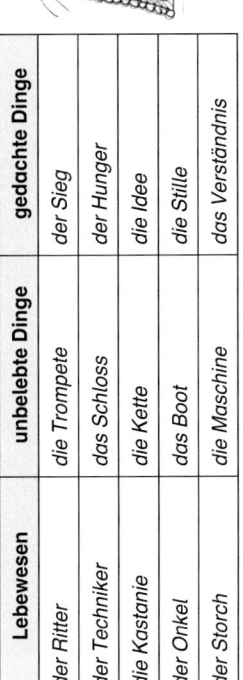

1. Wortteil: *Bestimmungswort*			2. Wortteil: *Grundwort*		
Land	Kartoffel	Brille	Pelz	Kanne	Suppe
Wolf	Sport	Milch	Wirtschaft	Schlange	Platz

3. Bilde aus den Wörtern oben so viele zusammengesetzte Nomen wie möglich. Schreibe sie mit ihren Artikeln auf. Unterstreiche den Fugen-Buchstaben, falls vorhanden.

die Landwirtschaft, die Kartoffelsuppe, die Brillen_schlange, der Wolf_spelz,
der Sportplatz, die Milchkanne, die Milchsuppe, die Milchwirtschaft ...

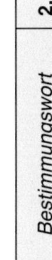

6

Die vier Fälle des Nomens – Plural

Da Nomen (Namenwörter) auch im Plural (Mehrzahl) stehen können, gibt es auch im Plural die vier verschiedenen Fälle. Man verwendet dabei wieder dieselben Fragewörter.

Beispiele

1. Setze bei a), b) und c) jeweils Nomen mit bestimmten Artikeln (Begleiter) in der männlichen, weiblichen und sächlichen Form ein.

Beispiele im Plural (Mehrzahl)	Frage	Kasus (Fall)
1. a) *Die Väter* lesen einen Roman.	*Wer*	1. Fall: *Nominativ*
b) *Die Mütter* lesen einen Roman.	liest	*(Werfall)*
c) *Die Kinder* lesen einen Roman.	einen Roman?	
2. a) Die Comics *der Väter* sind neu.	*Wessen*	2. Fall: *Genitiv*
b) Die Comics *der Mütter* sind neu.	Comics	*(Wessenfall)*
c) Die Comics *der Kinder* sind neu.	sind neu?	
3. a) Ihr kauft *den Vätern* Geschenke.	*Wem*	3. Fall: *Dativ*
b) Ihr kauft *den Müttern* Geschenke.	kauft ihr	*(Wemfall)*
c) Ihr kauft *den Kindern* Geschenke.	Geschenke?	
4. a) Wir lassen *die Väter* gewinnen.	*Wen*	4. Fall: *Akkusativ*
b) Wir lassen *die Mütter* gewinnen.	lassen wir	*(Wenfall)*
c) Wir lassen *die Kinder* gewinnen.	gewinnen?	

Was verändert sich bei den Nomen?

Was fällt dir bei den Artikeln auf?

Die Artikel (Begleiter) haben im Plural bei allen drei Geschlechtern
a) *Maskulinum (männlich)*, b) *Femininum (weiblich)* und
c) *Neutrum (sächlich)* die *gleiche Form.*

Wir merken uns:
1. Fall: *Nominativ* (Werfall) *die*
2. Fall: *Genitiv* (Wessenfall) *der*
3. Fall: *Dativ* (Wemfall) *den*
4. Fall: *Akkusativ* (Wenfall) *die*

5

Die vier Fälle des Nomens mit unbestimmtem Artikel – Singular

Das Nomen (Namenwort) kann in einem Satz in vier verschiedenen Fällen stehen. Nach jedem Fall fragt man anders.

Beispiele

1. Setze bei a), b) und c) jeweils Nomen mit unbestimmten Artikeln (Begleiter) in der männlichen, weiblichen und sächlichen Form ein.

Beispiele im Singular (Einzahl)	Frage	Kasus (Fall)
1. a) *Ein Bauer* fährt Fahrrad.	*Wer*	1. Fall: *Nominativ*
b) *Eine Bäuerin* fährt Fahrrad.	fährt	*(Werfall)*
c) *Ein Junge* fährt Fahrrad.	Fahrrad?	
2. a) Das Los *eines Bauern* gewinnt.	*Wessen*	2. Fall: *Genitiv*
b) Das Los *einer Bäuerin* gewinnt.	Los	*(Wessenfall)*
c) Das Los *eines Jungen* gewinnt.	gewinnt?	
3. a) Sie geben *einem Bauern* die Schuld.	*Wem*	3. Fall: *Dativ*
b) Sie geben *einer Bäuerin* die Schuld.	geben sie	*(Wemfall)*
c) Sie geben *einem Jungen* die Schuld.	die Schuld?	
4. a) Ihr verärgert *einen Bauern.*	*Wen*	4. Fall: *Akkusativ*
b) Ihr verärgert *eine Bäuerin.*	verärgert	*(Wenfall)*
c) Ihr verärgert *einen Jungen.*	ihr?	

Wenn sich Wörter ändern, weil sie in einem anderen Fall stehen, nennt man das *Deklination (Beugung).* Nomen (Namenwörter), bestimmte und unbestimmte Artikel (Begleiter) kann man *deklinieren (beugen).* Auch Adjektive (Eigenschaftswörter) und Pronomen (Fürwörter) kann man *deklinieren (beugen).*

Wer? Was?
Wessen?
Wem?
Wen? Was?

8

Die Deklination des unbestimmten Artikels

Zusammen mit dem Nomen (Namenwort) verändert sich der unbestimmte Artikel (Begleiter) in den vier Fällen. Unbestimmte Artikel können also auch gebeugt werden. Beim unbestimmten Artikel gibt es keinen Plural (Mehrzahl).

a) Genus (Geschlecht): *Maskulinum (männlich)*

Kasus (Fall)	Frage	Numerus (Zahl) – Singular
1. Fall: Nominativ (Werfall)	Wer oder was?	*ein* Koch
2. Fall: Genitiv (Wessenfall)	Wessen?	*eines* Kochs
3. Fall: Dativ (Wemfall)	Wem?	*einem* Koch
4. Fall: Akkusativ (Wenfall)	Wen oder was?	*einen* Koch

b) Genus (Geschlecht): *Femininum (weiblich)*

Kasus (Fall)	Frage	Numerus (Zahl) – Singular
1. Fall: Nominativ (Werfall)	Wer oder was?	*eine* Zeitung
2. Fall: Genitiv (Wessenfall)	Wessen?	*einer* Zeitung
3. Fall: Dativ (Wemfall)	Wem?	*einer* Zeitung
4. Fall: Akkusativ (Wenfall)	Wen oder was?	*eine* Zeitung

c) Genus (Geschlecht): *Neutrum (sächlich)*

Kasus (Fall)	Frage	Numerus (Zahl) – Singular
1. Fall: Nominativ (Werfall)	Wer oder was?	*ein* Feuer
2. Fall: Genitiv (Wessenfall)	Wessen?	*eines* Feuers
3. Fall: Dativ (Wemfall)	Wem?	*einem* Feuer
4. Fall: Akkusativ (Wenfall)	Wen oder was?	*ein* Feuer

Kasus (Fall)	Singular (Einzahl)		
	Maskulinum	Femininum	Neutrum
1. Nominativ	ein	eine	ein
2. Genitiv	eines	einer	eines
3. Dativ	einem	einer	einem
4. Akkusativ	einen	eine	ein

Lerne die unbestimmten Artikel in allen 4 Fällen!

7

Die Deklination des bestimmten Artikels

Zusammen mit den Nomen (Namenwörter) verändert sich der bestimmte Artikel (Begleiter) in den vier Fällen. Bestimmte Artikel können also auch dekliniert (gebeugt) werden.

a) Genus (Geschlecht): *Maskulinum (männlich)*

Kasus (Fall)	Frage	Numerus (Zahl)	
		Singular (Einzahl)	Plural (Mehrzahl)
1. Fall: Nominativ (Werfall)	Wer oder was?	*der* Vogel	*die* Vögel
2. Fall: Genitiv (Wessenfall)	Wessen?	*des* Vogels	*der* Vögel
3. Fall: Dativ (Wemfall)	Wem?	*dem* Vogel	*den* Vögeln
4. Fall: Akkusativ (Wenfall)	Wen oder was?	*den* Vogel	*die* Vögel

b) Genus (Geschlecht): *Femininum (weiblich)*

Kasus (Fall)	Frage	Numerus (Zahl)	
		Singular (Einzahl)	Plural (Mehrzahl)
1. Fall: Nominativ (Werfall)	Wer oder was?	*die* Pumpe	*die* Pumpen
2. Fall: Genitiv (Wessenfall)	Wessen?	*der* Pumpe	*der* Pumpen
3. Fall: Dativ (Wemfall)	Wem?	*der* Pumpe	*den* Pumpen
4. Fall: Akkusativ (Wenfall)	Wen oder was?	*die* Pumpe	*die* Pumpen

c) Genus (Geschlecht): *Neutrum (sächlich)*

Kasus (Fall)	Frage	Numerus (Zahl)	
		Singular (Einzahl)	Plural (Mehrzahl)
1. Fall: Nominativ (Werfall)	Wer oder was?	*das* Lied	*die* Lieder
2. Fall: Genitiv (Wessenfall)	Wessen?	*des* Liedes	*der* Lieder
3. Fall: Dativ (Wemfall)	Wem?	*dem* Lied	*den* Liedern
4. Fall: Akkusativ (Wenfall)	Wen oder was?	*das* Lied	*die* Lieder

Kasus (Fall)	Singular (Einzahl)			Plural (Mehrz.)
	Maskulinum	Femininum	Neutrum	alle 3 Geschl.
1. Nominativ	der	die	das	die
2. Genitiv	des	der	des	der
3. Dativ	dem	der	dem	den
4. Akkusativ	den	die	das	die

Lerne die Artikel in der Reihenfolge der 4 Fälle auswendig!

10 Das Nomen im Satz

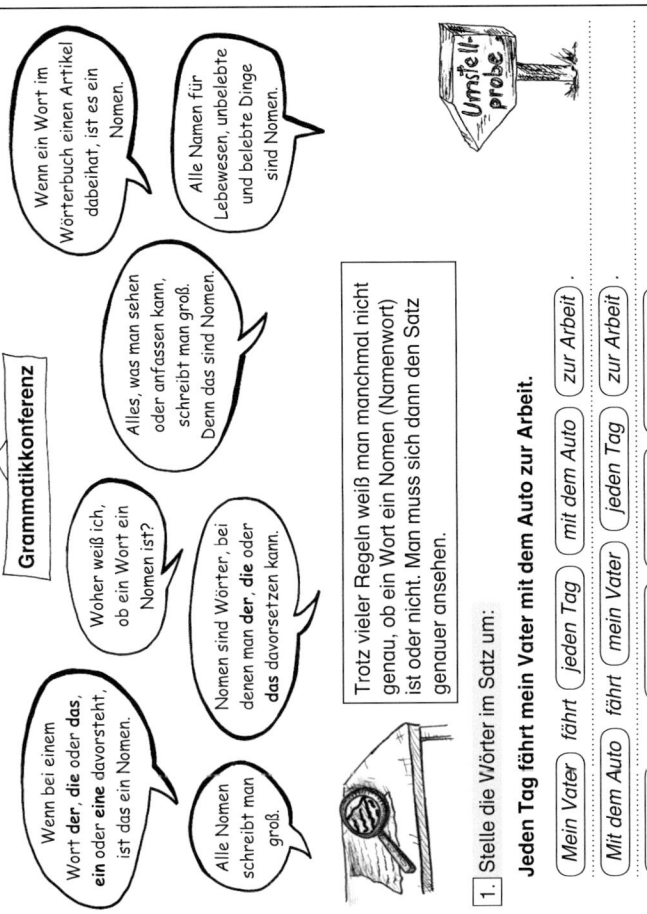

Grammatikkonferenz

- Wenn ein Wort im Wörterbuch einen Artikel dabeihat, ist es ein Nomen.
- Alle Namen für Lebewesen, unbelebte und belebte Dinge sind Nomen.
- Alles, was man sehen oder anfassen kann, schreibt man groß. Denn das sind Nomen.
- Woher weiß ich, ob ein Wort ein Nomen ist?
- Nomen sind Wörter, bei denen man **der, die** oder **das** davorsetzen kann.
- Wenn bei einem Wort **der, die** oder **das, ein** oder **eine** davorsteht, ist das ein Nomen.
- Alle Nomen schreibt man groß.

> Trotz vieler Regeln weiß man manchmal nicht genau, ob ein Wort ein Nomen (Namenwort) ist oder nicht. Man muss sich dann den Satz genauer ansehen.

1. Stelle die Wörter im Satz um:

Jeden Tag fährt mein Vater mit dem Auto zur Arbeit.

(Mein Vater) (fährt) (jeden Tag) (mit dem Auto) (zur Arbeit) .

(Mit dem Auto) (fährt) (mein Vater) (jeden Tag) (zur Arbeit) .

(Zur Arbeit) (fährt) (mein Vater) (jeden Tag) (mit dem Auto) .

Umstellprobe

2. Bei der Umstellung bleiben bestimmte Wortgruppen immer zusammen. Kreise sie ein.

Wir sehen, dass .... am Ende einer Wortgruppe ein Nomen (Namenwort) .... steht.

Solche Wortgruppen nennt man .... Nominalgruppen .... Es bleibt nur das Verb übrig.

> Es gibt auch Sätze mit sehr wenigen Wörtern. Wenn du sie erweiterst, stehen die Nomen (Namenwörter) wieder am Ende.

3. Erweitere den Satz:

Das Fahrrad des Gärtners steht im Keller.

(Das alte Fahrrad) (des netten Gärtners) steht (im dunklen Keller) .

Erweiterungsprobe

4. Kreise die Nominalgruppen in dem Satz ein.

Solch eine Erweiterung eines Satzes nennt man .... Erweiterungsprobe ....

Zur Erweiterung nimmt man immer Wörter, die man ebenso wie die Nomen .... deklinieren (beugen) .... kann.

---

9 Die Deklination des Nomens

> Wenn du unsicher bist, wie die Form des Nomens im Genitiv ist, schau im Wörterbuch nach.

So deklinieren (beugen) wir die Nomen (Namenwörter):

a) Hahn

Genus (Geschlecht): Maskulinum (männlich)

Kasus (Fall)	Frage	Numerus (Zahl) – Singular (Einzahl)	Plural (Mehrzahl)
1. Fall: Nominativ (Werfall)	wer oder was?	der Hahn	die Hähne
2. Fall: Genitiv (Wessenfall)	wessen?	des Hahn(e)s	der Hähne
3. Fall: Dativ (Wemfall)	wem?	dem Hahn	den Hähnen
4. Fall: Akkusativ (Wenfall)	wen oder was?	den Hahn	die Hähne

b) Henne

Genus (Geschlecht): Femininum (weiblich)

Kasus (Fall)	Frage	Numerus (Zahl) – Singular (Einzahl)	Plural (Mehrzahl)
1. Fall: Nominativ (Werfall)	wer oder was?	die Henne	die Hennen
2. Fall: Genitiv (Wessenfall)	wessen?	der Henne	der Hennen
3. Fall: Dativ (Wemfall)	wem?	der Henne	den Hennen
4. Fall: Akkusativ (Wenfall)	wen oder was?	die Henne	die Hennen

c) Küken

Genus (Geschlecht): Neutrum (sächlich)

Kasus (Fall)	Frage	Numerus (Zahl) – Singular (Einzahl)	Plural (Mehrzahl)
1. Fall: Nominativ (Werfall)	wer oder was?	das Küken	die Küken
2. Fall: Genitiv (Wessenfall)	wessen?	des Kükens	der Küken
3. Fall: Dativ (Wemfall)	wem?	dem Küken	den Küken
4. Fall: Akkusativ (Wenfall)	wen oder was?	das Küken	die Küken

11

Das Nomen: Übungsblatt

1. Unterstreiche die Nomen (Namenwörter).

2. Schreibe danach die Sätze richtig ab.

3. Kreise die Nominalgruppen ein.

Ein gefährlicher schulweg für kinder

(Ein gefährlicher Schulweg) (für Kinder)

Fast jeden tag fährt sina mit dem fahrrad zur schule.

(Fast jeden Tag) fährt (Sina) (mit dem Fahrrad) (zur Schule) .

Sina wohnt in einer ländlichen gegend in der elbmarsch.

(Sina) wohnt (in einer ländlichen Gegend) (in der Elbmarsch) .

Ihr weg führt zuerst auf einem deich entlang.

(Ihr Weg) führt zuerst (auf einem Deich) entlang.

Dort gibt es keinen radweg und auch keinen gehweg.

(Dort gibt es) (keinen Radweg) und auch (keinen Gehweg) .

Es gibt nur die straße mit einem schmalen sandstreifen an jeder seite.

(Es gibt nur) (die Straße) (mit einem schmalen Sandstreifen) (an jeder Seite) .

Besonders im winter ist der schulweg gefährlich.

(Besonders) (im Winter) ist (der Schulweg) gefährlich.

Neulich hätte sie fast einen unfall gehabt.

(Neulich hätte sie fast) (einen Unfall) gehabt.

Da rauschte ganz dicht an ihr ein lastwagen vorbei.

(Da rauschte ganz dicht an ihr) (ein Lastwagen) vorbei.

Sina konnte den lenker gerade noch rechtzeitig herumreißen.

(Sina) konnte (den Lenker) gerade noch rechtzeitig herumreißen.

Außer einigen schrammen und einer beule war ihr nichts passiert.

(Außer einigen Schrammen) und (einer Beule) war ihr nichts passiert.

12

Das Pronomen

Für jedes ...Nomen (Namenwort)... kann man ein ...Pronomen (Fürwort)... einsetzen.

Es gibt unterschiedliche ...Pronomen (Fürwörter).

1. Personalpronomen (persönliche Fürwörter)

Diese Pronomen stehen für ...ein Lebewesen..., ...ein unbelebtes Ding... oder ...ein gedachtes Ding...

Singular	1. Person:	*ich*
	2. Person:	*du*
	3. Person:	*er, sie, es*
Plural	1. Person:	*wir*
	2. Person:	*ihr*
	3. Person:	*sie*

Beispiele

Matte spielt gern Tennis.
...Er... spielt gern Tennis.
Lea kauft Schokolade.
...Sie... kauft Schokolade.
Das Pferd wiehert im Stall.
...Es... wiehert im Stall.
Die Löwen brüllen im Zoo.
...Sie... brüllen im Zoo.

2. Possessivpronomen (besitzanzeigende Fürwörter)

Sie zeigen an, ...wozu etwas gehört, wer oder was etwas „besitzt"

Singular	1. Person:	*mein(e)*
	2. Person:	*dein(e)*
	3. Person:	*sein(e), ihr(e), sein(e)*
Plural	1. Person:	*unser(e)*
	2. Person:	*euer, eure*
	3. Person:	*ihr(e)*

Beispiele

Tim gehört ein Lasso.
Tim verschenkt ...sein... Lasso.
Alina gehört ein Lexikon.
Alina verleiht ...ihr... Lexikon.
Lea und Leo gehören zwei Hamster.
Lea und Leo füttern ...ihre... Hamster.

3. Interrogativpronomen (Fragefürwörter)

Damit fangen ...Fragen... an. Sie stehen ...für ein Nomen (Namenwort) + Artikel (Begleiter).

Nach den vier Fällen
fragst du:
Wer? Was?
Wessen?
Wem?
Wen? Was?

Beispiele

Der Fuchs läuft in den Wald.
...Wer... läuft in den Wald?
Sabine isst ein Eis.
...Was... isst Sabine?
Wir schauen dem Lehrer zu.
...Wem... schauen wir zu?

4. Demonstrativpronomen (hinweisende Fürwörter)

Sie weisen auf etwas hin. Es sind ganz bestimmte Personen oder Dinge gemeint.

Beispiele

...Dieses... Auto gefällt mir gut.
...Jenes... Auto hat sehr niedrige Sitze.

Demonstrativpronomen werden wie Artikel dekliniert.

14

Das Verb (1)

Das Verb (Zeitwort/Tunwort) sagt uns, wann etwas getan wird oder wann etwas geschieht.

Es gibt also _die Zeit_ und die _Tätigkeit/das „Tun"_ an.

Deswegen bezeichnet man das Verb auch als _Zeitwort, Tätigkeitswort, Tunwort/Tuwort_.

Die _Form des Verbs_ hängt von der _Person_ ab, die etwas tut, und von der _Zeit_, in der etwas geschieht.

Beim Verb heißt die Veränderung der Form _Konjugation (Beugung)_.

Das kommt aus dem Lateinischen (coniungere = verbinden) und meint _die Verbindung zwischen Person und Verbform._

[Beispiele]

1. Schreibe hier drei konjugierte (gebeugte) Verbformen (Personalformen) auf:

1. _ich schwitze_ 2. _du rufst_ 3. _es leuchtet_

Die konjugierte Verbform erkennt man an der Endung. Der Wortstamm bleibt im Präsens (Gegenwart) meistens gleich. Der Infinitiv (Grundform) hat immer die Endung **en**.

2. Setze die drei Beispiele in die Tabelle ein.

konjugierte Verbform (Personalform)	Infinitiv (Grundform)	Wortstamm	Endung
1. ich schwitze	schwitzen	schwitz	e
2. du rufst	rufen	ruf	st
3. es leuchtet	leuchten	leucht	et

Es gibt aber auch zusammengesetzte Verbformen (Personalformen):

1. ich **habe gearbeitet** 3. es **war gesunken**
2. du **hattest gejagt** 4. ihr **werdet ernten**

3. Setze die vier Beispiele in die Tabelle ein.

konjugierte Verbform	infinite (unveränderte) Form
1. ich habe	gearbeitet
2. du hattest	gejagt
3. es war	gesunken
4. ihr werdet	ernten

Bei den zusammengesetzten Verbformen sind die konjugierten Teile Formen der Hilfsverben _haben, sein und werden_.

[Beispiele]

13

Die Deklination des Personalpronomens

Das Personalpronomen (persönliches Fürwort) kann in vier verschiedenen Fällen stehen. Nach jedem Fall fragt man anders.

Numerus (Zahl): Singular (Einzahl)

Kasus (Fall)	Frage	1. Person	2. Person	3. Person Maskulinum (männlich)	3. Person Femininum (weiblich)	3. Person Neutrum (sächlich)
1. Nominativ	Wer oder was?	ich	du	er	sie	es
2. Genitiv	Wessen?	meiner	deiner	seiner	ihrer	seiner
3. Dativ	Wem?	mir	dir	ihm	ihr	ihm
4. Akkusativ	Wen oder was?	mich	dich	ihn	sie	es

Numerus (Zahl): Plural (Mehrzahl)

Kasus (Fall)	Frage	1. Person	2. Person	3. Person
1. Nominativ	Wer oder was?	wir	ihr	sie
2. Genitiv	Wessen?	unser	euer	ihrer
3. Dativ	Wem?	uns	euch	ihnen
4. Akkusativ	Wen oder was?	uns	euch	sie

Lerne die Personalpronomen in allen 4 Fällen.

1. Ersetze das Nomen (Namenwort) durch das passende Personalpronomen im richtigen Fall. Unterstreiche es und schreibe dahinter in die Klammer die Person und auch den Fall.

1. Uta rief **den Arzt** an.
Uta rief ihn an. (3. Person Singular Maskulinum, Akkusativ)

2. Der Nachbar gab **Tim und Benedikt** den Ball.
Der Nachbar gab ihnen den Ball. (3. Person Plural, Dativ)

3. Carlo rief **seine Freundin** an.
Carlo rief sie an. (3. Person Singular Femininum, Akkusativ)

4. Die Familie gedachte **des Verstorbenen**.
Die Familie gedachte seiner. (3. Person Singular Maskulinum, Genitiv)

5. Vater fragte Lars: „Soll ich **(Lars)** helfen?"
Vater fragte Lars: „Soll ich dir helfen?" (2. Person Singular, Dativ)

Mit der richtigen Frage geht es leichter.

16

Die Zeitstufen des Verbs

Diese Zeiten musst du dir merken:

Präsens (Gegenwart)	ich	*rede*	ich	*springe*
Präteritum (1. Vergangenheit)	ich	*redete*	ich	*sprang*
Perfekt (2. Vergangenheit)	ich	*habe geredet*	ich	*bin gesprungen*
Plusquamperfekt (Vorvergangenheit)	ich	*hatte geredet*	ich	*war gesprungen*
Futur (Zukunft)	ich	*werde reden*	ich	*werde springen*

Das **Präteritum (1. Vergangenheit)** wird bei den ___*schwachen Verben (Zeitwörter)*___ gebildet:

durch ein eingeschobenes (e)t.

ich mache   ich ___*machte*___

du redest   du ___*redetest*___

Bei den starken Verben (Zeitwörter) ändert sich der ___*Vokal (Selbstlaut) im Wortstamm*___ :

ich komme   ich ___*kam*___

du springst   du ___*sprangst*___

Beispiele

Das **Perfekt (2. Vergangenheit)** und das **Plusquamperfekt (Vorvergangenheit)** werden durch die Personal- und Zeitformen von ___*haben*___ oder ___*sein*___ gebildet:

Außerdem kommt noch das ___*Partizip II (Partizip Perfekt/2. Mittelwort)*___ hinzu.

Es bleibt bei allen Personen gleich und ist deshalb eine ___*infinite (unveränderte) Verbform*___ .

Seine Endung ist bei a) schwachen Verben ___*t*___ oder ___*et*___ und bei b) starken Verben ___*en*___ .

Beispiele

a) ich ___*habe gemacht*___   ich ___*hatte gemacht*___

   du ___*hast geredet*___   du ___*hattest geredet*___

b) ich ___*bin gelaufen*___   ich ___*war gelaufen*___

   ihr ___*seid gesprungen*___   ihr ___*wart gesprungen*___

Das **Futur (Zukunft)** wird durch die konjugierte Verbform von ___*werden und den Infinitiv (Grundform)*___ gebildet.

ich werde rechnen ___*du wirst lesen*___   *wir werden reden*

Beispiele

15

Das Verb (2)

Woher weißt du, ob ein Wort ein Verb (Zeitwort) ist?

Wenn du in einem Satz ___*die Person und die Zeit*___ veränderst (**PZV**), veränderst sich auch ___*das Verb (Zeitwort)*___ .

Wenn du die Umstellprobe (**UP**) machst, bleibt neben den Nominalgruppen fast nur noch ___*das Verb (Zeitwort) oder die Verbalgruppe*___ übrig.

1. Kreise bei den folgenden Sätzen die Nominalgruppen ein und unterstreiche das Verb. Vergiss auch nicht den Verbzusatz bei zusammengesetzten Verben.

2. Verändere dann die Personen und die Zeiten (PZV).

3. Mache anschließend durch das Umstellen der Wortgruppen im Satz die Umstellprobe (UP).

Es gibt verschiedene Möglichkeiten. Besprecht eure Beispiele in der Klasse.

1. PZV (Die Kinder) (spielten) (mit dem Hund) (auf der Wiese) .

(Nadja) **spielt** (mit) **dem** (**Hund**) (**auf**) **der** (**Wiese**) .

UP (Auf der Wiese) spielt (Nadja) (mit dem Hund) .

2. PZV (Die Wölfe) (fraßen) (die arme Gans) (auf) .

(Der) (**Fuchs**) **frisst** (**die**) (**arme**) (**Gans**) **auf** .

UP (Die arme Gans) frisst (der Fuchs) auf .

3. PZV (Die Jungen) (haben) (die Reifen) gewechselt .

(**Toni**) **hatte** (**den**) (**Reifen**) **gewechselt** .

UP (Den Reifen) hatte (Toni) gewechselt .

4. PZV (Der Mann) (hat gestern) (neue Schuhe) gekauft .

(**Die**) (**Leute**) **kauften** (**gestern**) (**neue**) (**Schuhe**) .

UP (Neue Schuhe) kauften (die Leute) gestern .

18

Die Konjugation des starken Verbs

So konjugieren (beugen) wir die starken Verben (Zeitwörter):

Infinitiv (Grundform): *trinken*

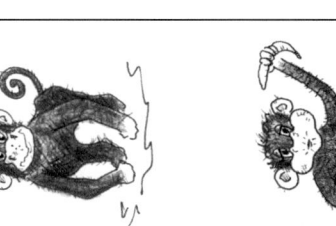

Singular (Einzahl)	Präsens (Gegenwart)	Perfekt (2. Vergangenheit)
1. Person	*ich trinke*	*ich habe getrunken*
2. Person	*du trinkst*	*du hast getrunken*
3. Person	*er (sie, es) trinkt*	*er (sie, es) hat getrunken*
Plural (Mehrzahl)		
1. Person	*wir trinken*	*wir haben getrunken*
2. Person	*ihr trinkt*	*ihr habt getrunken*
3. Person	*sie trinken*	*sie haben getrunken*

Singular (Einzahl)	Präteritum (1. Vergangenheit)	Plusquamperfekt (Vorvergangenheit)
1. Person	*ich trank*	*ich hatte getrunken*
2. Person	*du trankst*	*du hattest getrunken*
3. Person	*er (sie, es) trank*	*er (sie, es) hatte getrunken*
Plural (Mehrzahl)		
1. Person	*wir tranken*	*wir hatten getrunken*
2. Person	*ihr trankt*	*ihr hattet getrunken*
3. Person	*sie tranken*	*sie hatten getrunken*

Singular (Einzahl)	Futur (Zukunft)
1. Person	*ich werde trinken*
2. Person	*du wirst trinken*
3. Person	*er (sie, es) wird trinken*
Plural (Mehrzahl)	
1. Person	*wir werden trinken*
2. Person	*ihr werdet trinken*
3. Person	*sie werden trinken*

Welche drei Stammformen der Verben musst du kennen?

den ...... *Infinitiv (Grundform)*

das ...... *Präteritum (1. Vergangenheit)*

das ...... *Partizip II (Part. Perf. / 2. Mittelwort)*

Wie heißen die Stammformen von ...... *trinken* ......?

trinken

trank

getrunken

17

Die Konjugation des schwachen Verbs

So konjugieren (beugen) wir die schwachen Verben (Zeitwörter):

Infinitiv (Grundform): *hüpfen*

Singular (Einzahl)	Präsens (Gegenwart)	Perfekt (2. Vergangenheit)
1. Person	*ich hüpfe*	*ich bin gehüpft*
2. Person	*du hüpfst*	*du bist gehüpft*
3. Person	*er (sie, es) hüpft*	*er (sie, es) ist gehüpft*
Plural (Mehrzahl)		
1. Person	*wir hüpfen*	*wir sind gehüpft*
2. Person	*ihr hüpft*	*ihr seid gehüpft*
3. Person	*sie hüpfen*	*sie sind gehüpft*

Singular (Einzahl)	Präteritum (1. Vergangenheit)	Plusquamperfekt (Vorvergangenheit)
1. Person	*ich hüpfte*	*ich war gehüpft*
2. Person	*du hüpftest*	*du warst gehüpft*
3. Person	*er (sie, es) hüpfte*	*er (sie, es) war gehüpft*
Plural (Mehrzahl)		
1. Person	*wir hüpften*	*wir waren gehüpft*
2. Person	*ihr hüpftet*	*ihr wart gehüpft*
3. Person	*sie hüpften*	*sie waren gehüpft*

Singular (Einzahl)	Futur (Zukunft)
1. Person	*ich werde hüpfen*
2. Person	*du wirst hüpfen*
3. Person	*er (sie, es) wird hüpfen*
Plural (Mehrzahl)	
1. Person	*wir werden hüpfen*
2. Person	*ihr werdet hüpfen*
3. Person	*sie werden hüpfen*

Welche drei Stammformen der Verben musst du kennen?

den ...... *Infinitiv (Grundform)*

das ...... *Präteritum (1. Vergangenheit)*

das ...... *Partizip II (Part. Perf. / 2. Mittelwort)*

Wie heißen die Stammformen von ...... *hüpfen* ......?

hüpfen

hüpfte

gehüpft

20

Die Konjugation von sein

Auch das Hilfsverb (Hilfszeitwort) **sein** wird manchmal

wie ein vollwertiges Verb (Vollverb) verwendet: *Es **ist** gut.*

Infinitiv (Grundform): ..... *sein* .....

Singular (Einzahl)	Präsens (Gegenwart)	Perfekt (2. Vergangenheit)
1. Person	ich bin	ich bin gewesen
2. Person	du bist	du bist gewesen
3. Person	er (sie, es) ist	er (sie, es) ist gewesen
Plural (Mehrzahl)		
1. Person	wir sind	wir sind gewesen
2. Person	ihr seid	ihr seid gewesen
3. Person	sie sind	sie sind gewesen

Singular (Einzahl)	Präteritum (1. Vergangenheit)	Plusquamperfekt (Vorvergangenheit)
1. Person	ich war	ich war gewesen
2. Person	du warst	du warst gewesen
3. Person	er (sie, es) war	er (sie, es) war gewesen
Plural (Mehrzahl)		
1. Person	wir waren	wir waren gewesen
2. Person	ihr wart	ihr wart gewesen
3. Person	sie waren	sie waren gewesen

Singular (Einzahl)	Futur (Zukunft)
1. Person	ich werde sein
2. Person	du wirst sein
3. Person	er (sie, es) wird sein
Plural (Mehrzahl)	
1. Person	wir werden sein
2. Person	ihr werdet sein
3. Person	sie werden sein

Welche drei Stammformen der Verben musst du kennen?

den .... *Infinitiv (Grundform)*

das .... *Präteritum (1. Vergangenheit)*

das .... *Partizip II (Part. Perf. / 2. Mittelwort)*

Wie heißen die Stammformen von .... *sein* .... ?

.... *sein* ....

.... *war* ....

.... *gewesen* ....

19

Die Konjugation von haben

Das Hilfsverb (Hilfszeitwort) **haben** wird manchmal

wie ein vollwertiges Verb (Vollverb) verwendet: ..... *Er **hat** ein Radio.* .....

Infinitiv (Grundform): ..... *haben* .....

Singular (Einzahl)	Präsens (Gegenwart)	Perfekt (2. Vergangenheit)
1. Person	ich habe	ich habe gehabt
2. Person	du hast	du hast gehabt
3. Person	er (sie, es) hat	er (sie, es) hat gehabt
Plural (Mehrzahl)		
1. Person	wir haben	wir haben gehabt
2. Person	ihr habt	ihr habt gehabt
3. Person	sie haben	sie haben gehabt

Singular (Einzahl)	Präteritum (1. Vergangenheit)	Plusquamperfekt (Vorvergangenheit)
1. Person	ich hatte	ich hatte gehabt
2. Person	du hattest	du hattest gehabt
3. Person	er (sie, es) hatte	er (sie, es) hatte gehabt
Plural (Mehrzahl)		
1. Person	wir hatten	wir hatten gehabt
2. Person	ihr hattet	ihr hattet gehabt
3. Person	sie hatten	sie hatten gehabt

Singular (Einzahl)	Futur (Zukunft)
1. Person	ich werde haben
2. Person	du wirst haben
3. Person	er (sie, es) wird haben
Plural (Mehrzahl)	
1. Person	wir werden haben
2. Person	ihr werdet haben
3. Person	sie werden haben

Welche drei Stammformen der Verben musst du kennen?

den .... *Infinitiv (Grundform)*

das .... *Präteritum (1. Vergangenheit)*

das .... *Partizip II (Part. Perf. / 2. Mittelwort)*

Wie heißen die Stammformen von .... *haben* .... ?

.... *haben* ....

.... *hatte* ....

.... *gehabt* ....

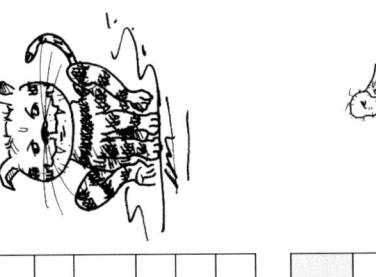

	Infinitiv (Grundform)	Präsens (Gegenwart)	Präteritum (1. Vergangenheit)	Perfekt (2. Vergangenheit)	Plusquamperfekt (Vorvergangenheit)	Futur (Zukunft)
1.	lenken	er lenkt	er lenkte	er hat gelenkt	er hatte gelenkt	er wird lenken
2.	sitzen	wir sitzen	wir saßen	wir haben gesessen	wir hatten gesessen	wir werden sitzen
3.	füllen	sie füllen	sie füllten	sie haben gefüllt	sie hatten gefüllt	sie werden füllen
4.	staunen	ich staune	ich staunte	ich habe gestaunt	ich hatte gestaunt	ich werde staunen
5.	fliehen	du fliehst	du flohst	du bist geflohen	du warst geflohen	du wirst fliehen
6.	kochen	ihr kocht	ihr kochtet	ihr habt gekocht	ihr hattet gekocht	ihr werdet kochen
7.	halten	es hält	es hielt	es hat gehalten	es hatte gehalten	es wird halten
8.	denken	wir denken	wir dachten	wir haben gedacht	wir hatten gedacht	wir werden denken
9.	lernen	du lernst	du lerntest	du hast gelernt	du hattest gelernt	du wirst lernen
10.	winken	er winkt	er winkte	er hat gewinkt	er hatte gewinkt	er wird winken
11.	lesen	ihr lest	ihr last	ihr habt gelesen	ihr hattet gelesen	ihr werdet lesen
12.	drehen	sie dreht	sie drehte	sie hat gedreht	sie hatte gedreht	sie wird drehen
13.	gewinnen	ich gewinne	ich gewann	ich habe gewonnen	ich hatte gewonnen	ich werde gewinnen
14.	graben	sie graben	sie gruben	sie haben gegraben	sie hatten gegraben	sie werden graben

Die Konjugation von werden

Das Hilfsverb (Hilfszeitwort) **werden** wird manchmal wie ein vollwertiges Verb (Vollverb) verwendet: ...... *Klaus **wurde** Techniker.* ......

Infinitiv (Grundform): ...... *werden.* ......

Singular (Einzahl)	Präsens (Gegenwart)	Präteritum (1. Vergangenheit)	Futur (Zukunft)
1. Person	ich werde	ich wurde	ich werde werden
2. Person	du wirst	du wurdest	du wirst werden
3. Person	er (sie, es) wird	er (sie, es) wurde	er (sie, es) wird werden
Plural (Mehrzahl)			
1. Person	wir werden	wir wurden	wir werden werden
2. Person	ihr werdet	ihr wurdet	ihr werdet werden
3. Person	sie werden	sie wurden	sie werden werden

Singular (Einzahl)	Perfekt (2. Vergangenheit)	Plusquamperfekt (Vorvergangenheit)
1. Person	ich bin geworden	ich war geworden
2. Person	du bist geworden	du warst geworden
3. Person	er (sie, es) ist geworden	er (sie, es) war geworden
Plural (Mehrzahl)		
1. Person	wir sind geworden	wir waren geworden
2. Person	ihr seid geworden	ihr wart geworden
3. Person	sie sind geworden	sie waren geworden

Welche drei Stammformen der Verben musst du kennen?

den ...... Infinitiv (Grundform)
das ...... Präteritum (1. Vergangenheit)
das ...... Partizip II (Part. Perf. / 2. Mittelwort)

Wie heißen die Stammformen von ...... werden ...... ?

...... werden ......
...... wurde ......
...... geworden ......

24

Die Handlungsarten des Verbs – Aktiv und Passiv

Das Verb (Zeitwort) gibt es in zwei verschiedenen ...... Handlungsarten ...... :

1. ...... Aktiv (Tatform) ...... : Arne *fängt* einen Fisch.
2. ...... Passiv (Leideform) ...... : Der Fisch *wird* von Arne *gefangen*.

Das Aktiv (Tatform) kennst du schon.
Beim Passiv (Leideform) werden **die handelnden und die behandelten Personen oder Sachen vertauscht.**
Im Gegensatz zum Aktiv, bei dem jemand oder eine Sache etwas selbst (aktiv) tut, wird beim Passiv mit einer Person oder Sache etwas getan.

...... Die Person oder die Sache „erleidet" eine Handlung. ......

Manchmal weiß man nicht, wer oder was die Handlung ausführt:

Boris *wird* geärgert.

Bei der Party *wurde* viel getanzt.

Dadurch wird die Handlung (...... das Ärgern und das Tanzen ......) stärker hervorgehoben.

Für die Konjugation (Beugung) der Verben braucht man die Personal- und Zeitformen.
von ...... werden ...... und ...... sein ...... , außerdem ...... worden ....

Merke dir die Übersicht der Zeiten im Aktiv und Passiv.

Tempus (Zeit)	Aktiv (Tatform)	Passiv (Leideform)
Präsens (Gegenwart)	ich trage / er trägt	ich werde getragen / er wird getragen
Präteritum (1. Vergangenheit)	ich trug / er trug	ich wurde getragen / er wurde getragen
Perfekt (2. Vergangenheit)	ich habe getragen / er hat getragen	ich bin getragen worden / er ist getragen worden
Plusquamperfekt (Vorvergangenheit)	ich hatte getragen / er hatte getragen	ich war getragen worden / er war getragen worden
Futur (Zukunft)	ich werde tragen / er wird tragen	ich werde getragen werden / er wird getragen werden

---

23

Konjugation – Übungsblatt (2)

1. Bestimme die konjugierten (gebeugten) Verbformen.
Gib die Person, das Geschlecht (sofern ermittelbar), die Zahl (Numerus) und die Zeit (Tempus) an. Verwende folgende Abkürzungen:

Person	= Pers.	Präsens (Gegenwart)	= Präs.
Maskulinum	= m.	Präteritum (1. Vergangenheit)	= Prät.
Femininum	= f.	Perfekt (2. Vergangenheit)	= Perf.
Neutrum	= n.	Plusquamperfekt (Vorvergangenheit)	= Plusq.
Singular (Einzahl)	= Sing.	Futur (Zukunft)	= Fut.
Plural (Mehrzahl)	= Plur.		

Beispiele

1.	sie mähte	3. Pers. Sing. f. Prät.
2.	wir werden schlafen	1. Pers. Plur. Fut.
3.	du bist gekommen	2. Pers. Sing. Perf.
4.	ihr habt geweint	2. Pers. Plur. Perf.
5.	er war verreist	3. Pers. Sing. m. Plusq.
6.	du warfst	2. Pers. Sing. Prät.
7.	sie hatten begonnen	3. Pers. Plur. Plusq.
8.	ich habe gekauft	1. Pers. Sing. Perf.
9.	sie wird schwitzen	3. Pers. Sing. f. Fut.
10.	es ordnet	3. Pers. Sing. n. Präs.
11.	wir werden treffen	1. Pers. Plur. Fut.
12.	es hat vergeben	3. Pers. Sing. n. Perf.
13.	ich blies	1. Pers. Sing. Prät.
14.	sie hat gefegt	3. Pers. Sing. f. Perf.
15.	ihr spucktet	2. Pers. Plur. Prät.
16.	er war gestolpert	3. Pers. Sing. m. Plusq.
17.	du wirst wandern	2. Pers. Sing. Fut.
18.	ihr werdet aufräumen	2. Pers. Plur. Fut.
19.	sie hatten gewartet	3. Pers. Plur. Plusq.
20.	wir fallen	1. Pers. Plur. Präs.

25

Aktiv und Passiv: Übungsblatt (1)

1. Trage die fehlenden Sätze in die Tabelle ein.

Aktiv (Tatform)	Passiv (Leideform)
Sie hört.	*Sie wird gehört.*
Wir traten.	*Wir wurden getreten.*
Er verfolgte.	Er wurde verfolgt.
Ihr verletztet.	Ihr wurdet verletzt.
Es schüttelt.	Es wird geschüttelt.
Du schlägst.	*Du wirst geschlagen.*
Sie griffen.	Sie wurden gegriffen.
Ich stützte.	*Ich wurde gestützt.*

2. Unterstreiche alle Lebewesen oder Dinge, die im Akkusativ (4. Fall) stehen. Wandle anschließend die Sätze ins Passiv um.

Dabei wird mit den Lebewesen oder Dingen etwas getan. Das Akkusativ-Objekt (Fallergänzung im 4. Fall) wird zum <u>neuen Subjekt (Satzgegenstand)</u> .

1. Die Rotkehlchen verlassen **das Nest.**

Das Nest wird von den Rotkehlchen verlassen.

2. Der Kuckuck legt **ein Ei ab.**

Ein Ei wird vom Kuckuck abgelegt.

3. Die Rotkehlchen brüten **alle Eier aus.**

Alle Eier werden von den Rotkehlchen ausgebrütet.

4. Der junge Kuckuck verdrängt **die kleinen Rotkehlchen.**

Die kleinen Rotkehlchen werden vom jungen Kuckuck verdrängt.

5. Die alten Rotkehlchen versorgen **den Kuckuck.**

Der Kuckuck wird von den alten Rotkehlchen versorgt.

6. Später verlässt der Kuckuck **das Nest.**

Das Nest wird später vom Kuckuck verlassen.

7. Die Rotkehlcheneltern suchen **den dicken Kuckuck.**

Der dicke Kuckuck wird von den Rotkehlcheneltern gesucht.

8. Die Rotkehlcheneltern bauen **ein neues Nest.**

Ein neues Nest wird von den Rotkehlcheneltern gebaut.

26

Aktiv und Passiv: Übungsblatt (2)

1. Verwandle den Bericht in eine Gebrauchsanleitung. Verwende dabei das Passiv (Leideform).

Das Auswechseln einer Glühlampe

1. Nina schaltet zuerst die Sicherung aus.

   Zuerst wird die Sicherung ausgeschaltet.

2. Dann schraubt sie die alte Glühlampe aus der Fassung.

   Dann wird die alte Glühlampe aus der Fassung geschraubt.

3. Nun prüft sie die alte Glühlampe, ob sie kaputt ist.

   Nun wird die alte Glühlampe geprüft, ob sie kaputt ist.

4. Sie legt die kaputte Glühlampe zum Sondermüll.

   Die kaputte Glühlampe wird zum Sondermüll gelegt.

5. Danach sucht sie eine passende neue Glühlampe heraus.

   Danach wird eine passende neue Glühlampe herausgesucht.

6. Diese schraubt sie in die leere Fassung hinein.

   Diese wird in die leere Fassung hineingeschraubt.

7. Dann schaltet sie die Sicherung wieder an.

   Dann wird die Sicherung wieder angeschaltet.

8. Zum Schluss schaltet sie den Lichtschalter an, um zu prüfen, ob die Glühlampe leuchtet.

   Zum Schluss wird der Lichtschalter angeschaltet, um zu prüfen, ob die Glühlampe leuchtet.

2. In welcher Zeit und in welcher Handlungsart stehen diese Sätze? Die Buchstaben der richtigen Lösungen ergeben ein Wort.

		Präsens Passiv	Futur Aktiv
1.	Wir werden jeden Morgen von Marens Oma begrüßt.	L	W
2.	Nächste Woche werden wir mit ihr nach Hannover fahren.	A	I
3.	Unterwegs wird sie mit uns in Celle Rast machen.	L	N
4.	Dann werden alle Butterbrote aufgegessen.	D	L
5.	Maren wird uns dorthin begleiten.	R	W
6.	Helen und Sven werden auch zur Feier eingeladen.	U	A
7.	Die Koffer werden von ihnen gepackt.	R	U
8.	Alle werden hungrig sein.	S	M

Lösungswort: L   I   N   D   W   U   R   M

Der Imperativ

Mit dem Imperativ (Befehlsform) wird _einer oder mehreren Personen ein Befehl erteilt_.

Er wird in _der wörtlichen Rede_ verwendet und steht dann in _Anführungszeichen_.

Am Ende des Befehlssatzes steht ein _Ausrufezeichen_.

Den Imperativ gibt es nur im _Präsens (Gegenwart)_.

Beispiele:

Bring(e) mir den Ball!"
„**Wirf** das Papier weg!"

Hier wird nur eine Person, die _2. Person Singular (Einzahl)_, angesprochen.

„**Macht** nicht solchen Lärm!"
„**Redet** nicht so viel!"

Hier werden mehrere Personen, die _2. Person Plural (Mehrzahl)_, angesprochen.

1. Unterstreiche den Imperativ der Verben (Zeitwörter) und schreibe den Infinitiv (Grundform) dazu.

	Infinitiv (Grundform)
1. „Reich mir mal den Hammer!"	reichen
2. „Halte bitte das Brett!"	halten
3. „Pass doch besser auf!"	aufpassen
4. „Sei nicht gleich beleidigt!"	sein
5. „Lies die Anleitung genauer!"	lesen
6. „Gib mir die Säge!"	geben

2. Ergänze die Imperative (Befehlsformen).

Infinitiv (Grundform)	Imperativ (Befehlsform) Sing. (Einz.)	Plur. (Mehrz.)
ordnen	Ordne!	Ordnet!
retten	Rette!	Rettet!
waschen	Wasche!	Wascht!
laufen	Lauf(e)!	Lauft!
berichten	Berichte!	Berichtet!
rühren	Rühre!	Rührt!
stricken	Stricke!	Strickt!

Infinitiv (Grundform)	Imperativ (Befehlsform) Sing. (Einz.)	Plur. (Mehrz.)
schicken	Schicke!	Schickt!
essen	Iss!	Esst!
wiegen	Wiege!	Wiegt!
sprechen	Sprich!	Sprecht!
geben	Gib!	Gebt!
reisen	Reise!	Reist!
werfen	Wirf!	Werft!

Die Modalverben

28

Die Modalverben (Zeitwörter der Art und Weise) _können, dürfen, mögen, müssen, sollen, wollen_ verändern oft **den Sinn** von anderen Verben. Dann werden sie wie Hilfsverben (Hilfszeitwörter) benutzt:

Wir _können_ gut rechnen.
Niklas _will_ ins Kino gehen.

Manchmal werden sie aber auch wie Vollverben verwendet:
Sie **mag** Schokolade.
Wir **wollen** das nicht.

1. Schreibe die Sätze mit den angegebenen Modalverben auf.

1. **Alle Leute fahren in den Urlaub.** (wollen)
Alle Leute wollen in den Urlaub fahren.

2. **Die ganze Klasse nahm am Wettkampf teil.** (dürfen)
Die ganze Klasse durfte am Wettkampf teilnehmen.

3. **Ich esse gern Kirschtorte mit Sahne.** (mögen)
Ich mag gern Kirschtorte mit Sahne essen.

4. **Ohne Fahrrad komme ich nicht pünktlich zur Schule.** (können)
Ohne Fahrrad kann ich nicht pünktlich zur Schule kommen.

5. **Sie blieb heute leider zu Hause.** (müssen)
Sie musste heute leider zu Hause bleiben.

6. **Warum hilfst du ihr nicht?** (wollen)
Warum willst du ihr nicht helfen?

7. **Die Kinder gingen auch bei Regen auf den Schulhof.** (müssen)
Die Kinder mussten auch bei Regen auf den Schulhof gehen.

8. **Niemand bleibt ohne Arbeit.** (sollen)
Niemand soll ohne Arbeit bleiben.

2. Kreuze an, wie die Modalverben hier verwendet werden.

	Hilfsverb	Vollverb
1. Jonas sollte wieder zur Kur.		X
2. Samir darf sich etwas kaufen.	X	
3. Alle wollen zum Sportplatz gehen.	X	
4. Kemal mag keine Feigen.		X
5. Lottas Vater kann einfach alles.		X

30

Die Präposition (1)

Die Präposition en (Verhältniswörter) gehören zu den Partikeln. Sie sind in ihrer Form **nicht veränderbar**.

Sie werden *einem Nomen (Namenwort) oder Pronomen (Fürwort) vorangestellt*

(präpositus, lat. = vorangestellt)

Sie geben an, *in welchem Verhältnis Lebewesen oder Dinge zueinander stehen* an:

Beispiele

der Apfel **auf** dem Tisch, die Wiese **hinter** dem Zaun,
die Straße **nach** Paris, die Person **vor** dir

Präpositionen geben meistens ein _____ *örtliches oder zeitliches Verhältnis* _____ an:

du fährst	*in die Stadt*	– Ortsangabe
ihr trainiert	*nach der Schule*	– Zeitangabe

Bei den Präpositionen _____ *an, auf, hinter, vor, zwischen,*
_____ *über, unter, neben, in* _____

steht der _____ *Dativ (3. Fall)* _____ auf die Frage: _____ *Wo?*
oder der _____ *Akkusativ (4. Fall)* _____ auf die Frage: _____ *Wohin?*

1. Unterstreiche die Präpositionen und die nachfolgenden Nomen und schreibe das passende Fragewort und den Fall neben die Sätze.

	Fragewort	Kasus (Fall)
1. Die Sportler trainieren auf dem Platz.	Wo?	Dativ (3.)
2. Der Vogel fliegt über das Dach.	Wohin?	Akkusativ (4.)
3. Zwischen den Pfosten steht der Torwart.	Wo?	Dativ (3.)
4. Unter dem Erdgeschoss befindet sich der Keller.	Wo?	Dativ (3.)
5. Leonie stellt sich neben die Tür.	Wohin?	Akkusativ (4.)
6. Theo wirft den Ball in den Korb.	Wohin?	Akkusativ (4.)
7. Ronja steht an der Hauswand.	Wo?	Dativ (3.)
8. Nilay versteckt sich hinter der Tanne.	Wo?	Dativ (3.)
9. Antonio geht in den Wald.	Wohin?	Akkusativ (4.)

29

Das Adjektiv

Adjektive sagen uns, welche _____ *Eigenschaften* _____ die Lebewesen und Dinge haben.
Adjektive (Eigenschaftswörter) schreibt man klein.

1. Steigerung von Adjektiven

	Positiv (Grundstufe)	Komparativ (Höherstufe)	Superlativ (Höchststufe)
a) *regelmäßig*	lang kurz	länger kürzer	am längsten am kürzesten
b) *unregelmäßig*	viel gut	mehr besser	am meisten am besten
c) *nur 2 Stufen*	innere äußere	– –	innerste äußerste

Beispiele

d) Manche Adjektive kann man gar nicht steigern, z. B.:
_____ *rot, lila, tot, gerade …* _____ .

2. Vergleiche von Eigenschaften

Beispiele: Der Kirchturm ist _____ *größer als* _____ die Eiche.
Die Eiche ist _____ *so groß wie* _____ die Buche.

1. Bilde Sätze mit den Eigenschaften der Lebewesen und Dinge.
(Manchmal gibt es mehrere Möglichkeiten.) Unterstreiche **als** und **so – wie**.

a) Elefant/Maus: _____ *Der Elefant ist schwerer als die Maus.*

b) Schnecke/Fuchs: _____ *Die Schnecke ist langsamer als der Fuchs.*

c) Tiger/Löwe: _____ *Der Tiger ist so stark wie der Löwe.*

d) Eisen/Watte: _____ *Eisen ist schwerer als Watte.*

e) Radio 30 €/Wecker 30 €: _____ *Das Radio ist so teuer wie der Wecker.*

3. Deklination (Beugung) von Adjektiven

Ebenso wie Artikel (Begleiter) und Nomen (Namenwörter) werden auch Adjektive
_____ *dekliniert (gebeugt)* _____, wenn sie vor einem Nomen stehen.

2. Setze die deklinierte (gebeugte) Form der Adjektive ein.

a) Das ist das Haus des _____ *alten* _____ Mannes. (alt)

b) Er schenkte ihr eine _____ *schöne* _____ Blume. (schön)

c) Wir alle waren einmal _____ *kleine* _____ Kinder. (klein)

d) Der Wagen gehört dem _____ *neuen* _____ Nachbarn. (neu)

e) Die _____ *gelben* _____ Säcke stehen an der Straße. (gelb)

Das Adverb

32

1

Die Adverbien (Umstandswörter) gehören zu den Partikeln und sind in ihrer Form _unveränderbar_. Sie bezeichnen die _näheren Umstände eines Vorgangs oder Zustandes_.

Man unterscheidet Adverbien
a) des Ortes (lokal):
Fragen: _Wo? Woher? Wohin?_
Antworten: _hier, dort, rechts, überall, hinauf, irgendwo_

b) der Zeit (temporal):
Fragen: _Wann? Wie lange? Seit wann? Bis wann?_
Antworten: _heute, gestern, immer, bisher, bald_

c) der Art und Weise (modal):
Fragen: _Wie? Wie sehr?_
Antworten: _sehr, vielleicht, kaum, gern_

d) des Grundes (kausal):
Fragen: _Warum? Weshalb?_
Antworten: _darum, deshalb_

2

Adverbien können andere Wörter näher bestimmen:
a) **ein Verb (Zeitwort):** _Der Hund bellt jetzt._
b) **ein Adjektiv (Eigenschaftswort):** _Der Hund ist sehr groß._
c) **ein Adverb (Umstandswort):** _Der Hund kommt sehr bald._
d) **ein Nomen (Namenwort):** _Der Hund hier hat gebissen._

3

Manche Adverbien kann man steigern:
a) **regelmäßig:**
früh – früher – am frühesten
wohl – wohler – am wohlsten
spät – später – am spätesten

b) **unregelmäßig:**
gern – lieber – am liebsten
bald – eher – am ehesten
sehr (viel) – mehr – am meisten

4

Interrogativadverbien (Frageumstandswörter) leiten eine Frage ein:
Woher? Wohin? Wo? Wann? Wie? Warum? – Wohin gehst du?
(Wenn sie einen Relativsatz einleiten, bezeichnet man sie als Relativadverbien, z. B.: Der Platz, **wohin** wir gehen sollten, war unbekannt.)

Die Präposition (2)

31

1

Bei den Präpositionen (Verhältniswörter)
durch, für, ohne, um,
gegen und _wider_
steht der _Akkusativ (4. Fall)_:
durch den Wald laufen
um einen See wandern

2

Bei den Präpositionen
aus, bei, von, nach, nebst und _neben_
außer, zu, seit, mit und _samt / entgegen, gegenüber_ und _zuwider_
steht immer der _Dativ (3. Fall)_.
Das gilt auch dann, wenn eine Richtung angegeben wird:
Ich gehe **zu** der Sporthalle. – Wohin?
Bei der Hütte steht ein Busch. – Wo?
Seit dem Fest ist er krank. – Seit wann?

Manche Präpositionen (Verhältniswörter)
verschmelzen mit den Artikeln (Begleiter):
in dem = _im_
zu dem = _zum_
zu der = _zur_

3

Bei den Präpositionen
unweit, mittels, kraft und während / statt, vermöge, ungeachtet,
oberhalb und unterhalb / innerhalb und außerhalb
diesseits, jenseits, halber, wegen,
inmitten, unfern und um – willen
steht der _Genitiv (2. Fall)_.

1. Bilde Sätze zu den Präpositionen mit dem Genitiv (s. Kasten 3).
z. B.: Unweit des Waldes steht eine Mühle.
Mittels des Computers konnte er ihm eine Mail schreiben.
Kraft seiner Vollmacht ordnete er die Räumung des Hauses an.
Oberhalb der Wiese befindet sich eine Eisdiele.

2. Schreibe auch Sätze zu den Präpositionen mit dem Akkusativ und dem Dativ (s. Kasten 1 und 2) in dein Heft.

34

Die Konjunktion und die Interjektion

Die Konjunktion

Auch die Konjunktionen (Bindewörter) gehören zu den Partikeln ("Teilchenwörter"). Sie sind .... nicht veränderbar.

Konjunktionen verbinden .... Wörter, Wortgruppen und Sätze .... miteinander:

a) **Wörter:** .... groß **und** klein

b) **Wortgruppen:** .... in der Stadt **oder** auf dem Lande.

c) **Sätze:**
Meine Freundin besucht mich, **denn** sie hat heute Zeit.
Mein Onkel besucht mich, **weil** er mir helfen will.
Mein Freund wollte mich besuchen, **aber** ich war nicht da.

1

Man unterscheidet zwei Arten von Konjunktionen:

a) **nebenordnende:** .... und, auch, oder, aber, weder – noch

b) **unterordnende:** .... weil, da, als, dass, ob, nachdem, wenn

2

Die Interjektion

Interjektionen (Ausrufewörter) sind .... Ausrufe außerhalb eines Satzes (lat. intericere = dazwischenwerfen/dazwischenstellen)

Sie können in der Form .... nicht verändert werden.

Interjektionen können Folgendes ausdrücken:

a) **Gefühle** wie z. B. Freude, Schmerz oder Verwunderung:
Oh! Ah! Oho! Hui! Au! Pfui!

b) **Zurufe oder Befehle:**
Pst! He! Hei! Hallo!

c) **Schallnachahmungen oder Tierlaute:**
Brrr! Ssst! Peng! Mäh! Miau! Piep!

Roar!

33

Die Partikel: Übungsblatt

1. Unterstreiche alle Partikeln ("Teilchenwörter") im Text und sortiere sie in die Tabelle ein.

Eine Unterrichtsstunde im Freien

<u>Manchmal</u> geht die Klasse 6b <u>in</u> der sechsten Stunde <u>zum</u> Dorfteich.
<u>Dort</u> beobachten die Kinder die Enten <u>oder</u> die Haubentaucher.
<u>Vor</u> dem Teich befindet sich eine große Wiese <u>mit</u> vielen Löwenzahnpflanzen.
<u>Da</u> verweilen die Enten <u>am</u> Tage <u>gern</u>.
<u>Obwohl</u> sie die Kinder <u>manchmal kaum</u> sehen können, flüchten sie <u>sofort</u>.
<u>Dann</u> retten sie sich <u>auf</u> den Teich.
<u>Denn hier</u> sind sie sicher.

Präpositionen (Verhältniswörter)	Adverbien (Umstandswörter)			Konjunktionen (Bindewörter)
	des Ortes (lokal)	der Zeit (temporal)	der Art und Weise (modal)	
im (= in dem), in	dort	manchmal	gern	oder
zum (= zu dem), vor, mit	da	sofort	kaum	obwohl
am (= an dem), auf	hier			dann, denn

2. Ergänze die Interrogativadverbien (Frageumstandswörter):

1. _Wann_ .... geht die Klasse 6b zum Dorfteich? .... _(temporal)_
2. _Wo_ .... beobachten die Kinder die Enten? .... _(lokal)_
3. _Wohin_ .... retten sich die Enten? .... _(lokal)_
4. _Wo_ .... sind sie sicher? .... _(lokal)_

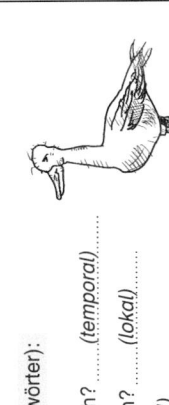

3. Schreibe weitere Fragen mit Interrogativadverbien (Frageumstandswörter) auf.

Wo verweilen die Enten gern?

Wo befindet sich eine große Wiese?

Wann verweilen die Enten da gern?

(Achtung! Verwechsle die Interrogativadverbien nicht mit Interrogativpronomen (Fragefürwörter).
Denn diese stehen für Personen, unbelebte oder gedachte Dinge: wer, was, wen.)

35

Das Numerale

Die Numeralien (Zahlwörter) bezeichnen ...Zahlen oder Mengen...

Sie werden meistens ...wie Adjektive (Eigenschaftswörter)... verwendet und geben dann die Menge von Lebewesen oder Dingen an. (Ausnahmen siehe unten!)

Im Gegensatz zu Adjektiven (Eigenschaftswörter) kann man Numeralien aber ...nicht steigern...

Beispiele

die **fünf** Bäume, ein **paar** Häuser, eine **halbe** Tonne, das **vierfache** Gewicht

Manche Numeralien kann man deklinieren (beugen), manche nicht.

das Laub der **fünf** Bäume, die Ziegel der **paar** Häuser, der Inhalt der **halben** Tonne, die **vierfachen** Gewichte

---

Es gibt verschiedene Arten von Numeralien:

1. **Bestimmte Numeralien (Zahlwörter):**
   a) Kardinalzahlen (Grundzahlen):
   eins, zwei, tausend .... Frage: ......*Wie viele?*
   b) Ordinalzahlen (Ordnungszahlen):
   der Erste, der Zweite, der Hundertste .... Frage: ......*Der wievielte?*

2. **Unbestimmte Numeralien (Zahlwörter):**
   viele, wenige, ein paar, etwas, manche, einige

3. **Sonstige Numeralien (Zahlwörter):**
   einfach, zweifach, zehnfach
   zweitens, zehntens, zwölftens
   einmal, dreimal, zwanzigmal
   einerlei, dreierlei, zehnerlei
   fünftel, sechstel, zehntel

Numeralien schreibt man meistens klein: ....*der erste Mai, zwei Äpfel.*
Nur wenn sie wie Nomen (Namenwörter) verwendet werden, schreibt man sie groß:
der Erste beim Rennen, eine Million, ein Viertel, Hunderte, das Dreifache.

Manchmal werden Numeralien auch wie Adverbien (Umstandswörter) verwendet.
Sie geben dann die Häufigkeit einer Handlung an:
Der Ball verfehlte dreimal das Tor.

36

Test: Wortlehre

Name: _____ Datum: _____ Ergebnis: _____

Fragen	Lösungen	Punkte
1. Zu welchen Wortarten gehören diese Wörter?		
a) ihm, ihnen, euch	*Personalpronomen (persönliche Fürwörter)*	
b) wo? wann? warum?	*Interrogativadverbien (Frageumstandswörter)*	
c) euer, unser, dein	*Possessivpronomen (besitzanzeigende Fürwörter)*	
d) wem? wessen? was?	*Interrogativpronomen (Fragefürwörter)*	
e) einige, wenige, paar	*unbestimmte Numeralien (Zahlwörter)*	
f) gegen, für, durch, an	*Präpositionen (Verhältniswörter)*	
g) übermorgen, gestern	*Adverbien, temporal (Umstandswörter der Zeit)*	
h) wenn, dass, aber, oder	*Konjunktionen (Bindewörter)*	
2. Welche Zeit ist das?		
a) Sie haben gesagt.	*Perfekt (2. Vergangenheit)*	
b) Wir hatten gewonnen.	*Plusquamperfekt (Vorvergangenheit)*	
c) Ich werde verreisen.	*Futur (Zukunft)*	
3. Aktiv oder Passiv?		
a) Wir werden lesen.	*Aktiv (Tatform)*	
b) Sie werden gerufen.	*Passiv (Leideform)*	
c) Er wurde gehört.	*Passiv (Leideform)*	
4. Was erkennt man an diesen Endungen? Er läuft. Ich laufe.	*die Person (Personalform)*	
5. Welche Handlungsarten gibt es bei Verben (Zeitwörter)?	*Aktiv und Passiv (Tatform und Leideform)*	
6. Wie heißen diese Formen des Verbs (Zeitwort)?		
a) reden	*Infinitiv (Grundform)*	
b) rede!	*Imperativ (Befehlsform)*	
c) geredet	*Partizip Perfekt (Part. II/2. Mittelwort)*	
7. Nenne drei Modalverben (Zeitwörter der Art und Weise).	*können, dürfen, mögen, müssen, sollen, wollen*	
8. Bilde das Passiv (Leideform) zu: Ich rette.	*Ich werde gerettet.*	
9. Bilde das Aktiv (Tatform) zu: Wir wurden gerufen.	*Wir riefen.*	
10. Welche Hilfsverben (Hilfszeitwörter) braucht man für die verschiedenen Zeitstufen der Verben (Zeitwörter)?	*haben, sein, werden*	

Der Fragesatz und der Aufforderungssatz

Es gibt verschiedene Arten von **Fragesätzen**.

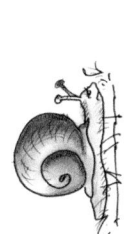

> Bei einer **Entscheidungsfrage** wird der ganze Satz in Frage gestellt. (Satzfrage).
>
> *Rufst du mich heute an?*

1. Verwandle die folgenden Aussagesätze in Entscheidungsfragen. Unterstreiche dann das Verb (Zeitwort) und den dazugehörenden Verbzusatz (falls vorhanden).

1. Raja putzt regelmäßig ihre Zähne.
Putzt Raja regelmäßig ihre Zähne?

2. Meike kauft für ihre Oma ein.
Kauft Meike für ihre Oma ein?

3. Vater arbeitet heute länger.
Arbeitet Vater heute länger?

4. Kai fährt mit seinen neuen Skiern.
Fährt Kai mit seinen neuen Skiern?

Bei einer Entscheidungsfrage steht *das konjugierte Verb (das gebeugte Zeitwort/die Personalform des Verbs) an erster Stelle.*

> Bei einer **Auskunftsfrage** wird nur ein Teil des Satzes in Frage gestellt (Wortfrage). Sie benötigt immer ein Fragewort:
>
> *Wann hast du Geburtstag? (Interrogativadverb)*
> *Wer bringt dich zum Schwimmbad? (Interrogativpronomen)*
> *Warum lachst du? (Interrogativadverb)*

Hier steht das konjugierte Verb an zweiter Stelle nach dem Fragewort.

Der Aufforderungssatz

> Mit **Aufforderungssätzen** wird jemand aufgefordert, etwas zu tun:
>
> *Reich mir bitte die Butter!*
> *Geh doch nach Hause!*

Das Verb (Zeitwort) steht im Imperativ (Befehlsform) an erster Stelle des Aufforderungssatzes.

Die Satzglieder – Umstellprobe beim Aussagesatz

Mit Hilfe der _____ Umstellprobe _____ kann man die Anzahl der Satzglieder ermitteln.

1. Stelle die Wörter im Satz so oft wie möglich um, ohne den Sinn zu verändern. Kreise die Wortgruppen ein, die zusammengeblieben sind.

Der kleine Moritz fliegt am Sonntag nach Kanada.

1. (Der kleine Moritz) (fliegt) (nach Kanada) (am Sonntag) .
2. (Am Sonntag) (fliegt) (der kleine Moritz) (nach Kanada) .
3. (Nach Kanada) (fliegt) (der kleine Moritz) (am Sonntag) .
4. (Nach Kanada) (fliegt) (am Sonntag) (der kleine Moritz) .

2. Stelle die Wörter wieder so oft wie möglich um. Unterstreiche dann die Wortgruppen, die zusammengeblieben sind.

Gestern kauften wir von unserem Taschengeld auf dem Markt frisches Obst.

1. Gestern kauften wir auf dem Markt frisches Obst von unserem Taschengeld.
2. Wir kauften gestern frisches Obst von unserem Taschengeld auf dem Markt.
3. Wir kauften gestern von unserem Taschengeld auf dem Markt frisches Obst.
4. Auf dem Markt kauften wir gestern von unserem Taschengeld frisches Obst.
5. Auf dem Markt kauften wir gestern frisches Obst von unserem Taschengeld.
6. Frisches Obst kauften wir gestern von unserem Taschengeld auf dem Markt.
7. Frisches Obst kauften wir gestern auf dem Markt von unserem Taschengeld.
8. Von unserem Taschengeld kauften wir gestern auf dem Markt frisches Obst.
9. Von unserem Taschengeld kauften wir auf dem Markt gestern frisches Obst.

3. Was fällt dir auf?

*Das konjugierte Verb (das gebeugte Zeitwort/die Personalform des Verbs) steht **immer als zweites Satzglied** im Aussagesatz.*

Subjekt, Prädikat und Ergänzungen

40

Ein einfacher Satz besteht aus __zwei__ Satzgliedern:

1. dem __Subjekt (Satzgegenstand)__. – Frage: _Wer oder was tut etwas?_
2. dem __Prädikat (Satzaussage)__. – Frage: _Was wird getan?_

Das __Subjekt (Satzgegenstand)__ kann ein __Nomen (Namenwort)__ oder ein __Pronomen (Fürwort)__ sein.

Das __Prädikat (Satzaussage)__ ist ein __Verb (Zeitwort)__ oder eine __Verbalgruppe (Zeitwortgruppe)__.

Das Subjekt und das Prädikat stimmen in der __Person und der Zahl (Numerus)__ überein.

a) _Du siehst. – Ihr seht._

b) _Der Schüler schreibt ab. – Die Schüler schreiben ab._

c) _Die Katze ist gefüttert worden._ – _Die Katzen sind gefüttert worden._

d) _Der Vogel kann schwimmen._ – _Die Vögel können schwimmen._

zu b) __Verb mit nachgestelltem Verbzusatz__

zu c) __Verbalgruppe aus Hilfsverb und Verb.__

zu d) __Verbalgruppe aus Modalverb und Verb.__

Manchmal muss man einen Satz durch weitere Angaben ergänzen (erweitern), um einen gemeinten Sinn vollständig wiederzugeben. Dann kommen __weitere Satzglieder__ hinzu:

3. __das Objekt (Fallergänzung)__ im Genitiv (2. Fall/Wessenfall). im Dativ (3. Fall/Wemfall). im Akkusativ (4. Fall/Wenfall).

4. __die adverbiale Bestimmung (Umstandsergänzung)__

adverbiale Bestimmungen	Fragen
a) des Ortes __(lokal)__	Wo? Woher? Wohin?
b) der Zeit __(temporal)__	Wann? Seit wann? Wie lange? Bis wann?
c) der Art und Weise __(modal)__	Wie? Wie sehr?
d) des Grundes __(kausal)__	Warum? Weshalb?
e) des Zweckes __(final)__	Wozu?
f) des Mittels __(instrumental)__	Womit? Wodurch?
g) der Folge __(konsekutiv)__	Mit welcher Folge/Wirkung?
h) des nicht zureichenden Gegengrundes __(konzessiv)__	Trotz wessen?
i) der Bedingung __(konditional)__	Unter welcher Bedingung?

Die Satzglieder: Übersicht

39

Wie erkennst du die Satzglieder?

Durch die __Umstellprobe__ kannst du erkennen, welche Wörter zu einem Satzglied gehören.

1. Kreise die Satzglieder ein. Satzglieder sind die Wortgruppen, die beim Umstellen zusammenbleiben.

Beispiele

(Heute) (baut) (der Mechaniker) (dem Auto) (ein neues Radio) (ein) .

(Dem Auto) (baut) (der Mechaniker) (heute) (ein neues Radio) (ein) .

(Ein neues Radio) (baut) (der Mechaniker) (heute) (dem Auto) (ein) .

So bestimmt man die Satzglieder:

Der Mechaniker	baut	heute	dem Auto	ein neues Radio	ein.
Subjekt (Satzgegenstand)	Prädikat (Satzaussage)	adverbiale Bestimmung der Zeit (Umstandsergänzung der Zeit)	Dativ-Objekt (Fallergänzung im 3. Fall)	Akkusativ-Objekt (Fallergänzung im 4. Fall)	Verbzusatz (gehört zum Prädikat/zur Satzaussage)
a)	b)	c)	d)	e)	
Frage: _Wer oder was tut etwas?_	Frage: _Was wird getan?_	Frage: _Wann?_	Frage: _Wem?_	Frage: _Wen oder was?_	

2. Schreibe die vollständigen Fragen nach den Satzgliedern auf. Frage nach ...

a) dem Subjekt: _Wer baut heute dem Auto ein neues Radio ein? (der Mechaniker)_

b) dem Prädikat: _Was macht der Mechaniker heute? (baut ... ein)_

c) der adverbialen Bestimmung der Zeit: _Wann baut der Mechaniker dem Auto ein neues Radio ein? (heute)_

d) dem Dativ-Objekt: _Wem baut der Mechaniker heute ein neues Radio ein? (dem Auto)_

e) dem Akkusativ-Objekt: _Was baut der Mechaniker heute dem Auto ein? (ein neues Radio)_

42

Wörtliche Rede (1)

Wenn wir in einer Erzählung oder einem Bericht etwas Gesprochenes in dem Wortlaut wiedergeben, in dem es gesagt wurde, benutzen wir *die wörtliche Rede* .

Zur wörtlichen Rede gehören:

der Begleitsatz und *der wörtliche Text*

Anna sagt: *„Ich gehe heute ins Kino."*

Im Begleitsatz erfährst du, wer redet. Am Ende des vorangestellten Begleitsatzes steht *ein Doppelpunkt* .

Am Anfang und am Ende der wörtlichen Rede stehen die *Anführungszeichen* , und zwar am Anfang *unten* und am Ende *oben* .

	Begleitsatz:		wörtlicher Text:
a)	Anna sagt	:	„ Ich gehe heute ins Kino . "
b)	Anna fragt	:	„ Darf ich heute ins Kino ? "
c)	Anna bittet	:	„ Geh doch mit mir ins Kino ! "
d)	Anna schreit	:	„ Hurra, ich darf ins Kino ! "

An den Beispielen kannst du sehen, dass der wörtliche Text aus *verschiedenen Satzarten* bestehen kann. Danach richten sich dann die *Satzschlusszeichen* .

1. Um welche Satzarten handelt es sich beim wörtlichen Text in den Beispielen a) bis d)?

a) *Aussagesatz*
b) *Fragesatz*
c) *Aufforderungssatz*
d) *Ausrufesatz*

Beispiele

> Vergiss bei der wörtlichen Rede nie die *Anführungszeichen* !

41

Satzglieder bestimmen: Übungsblatt

1. Trenne die einzelnen Satzglieder durch senkrechte Striche ab.

2. Bestimme die Satzglieder. Verwende folgende Abkürzungen:

Subjekt	= Subj.	adverbiale Bestimmung (temporal)	= a. B. (temp.)
Prädikat	= Präd.	adverbiale Bestimmung (lokal)	= a. B. (lok.)
Dativ-Objekt	= Dat.-Obj.	adverbiale Bestimmung (modal)	= a. B. (mod.)
Akkusativ-Objekt	= Akk.-Obj.	adverbiale Bestimmung (final)	= a. B. (fin.)
		adverbiale Bestimmung (instrumental)	= a. B. (instr.)
		adverbiale Bestimmung (kausal)	= a. B. (kaus.)
		Verbzusatz zum Prädikat	= Verbz. z. Präd.

1. Letzten Monat | unternahm | die Klasse 6b | einen Ausflug | nach Cuxhaven.
a.B. (temp.) | Präd. | Subj. | Akk.-Obj. | a.B. (lok.)

2. Die Sonne | strahlte | heiß | auf den weißen Strand.
Subj. | Präd. | a.B. (mod.) | a.B. (lok.)

3. Viele Kinder | aßen | unterwegs | ihre Brote und Kekse | auf.
Subj. | Präd. | a.B. (lok.) | Akk.-Obj. | Verbz. z. Präd.

4. Ein Junge | schenkte | seiner Lehrerin | eine Tafel Schokolade.
Subj. | Präd. | Dat.-Obj. | Akk.-Obj.

5. Die Lehrerin | verteilte | die Tafel | an die Schüler und Schülerinnen.
Subj. | Präd. | Akk.-Obj. | Akk.-Obj.

6. Nach einer kurzen Rast | am Deich | gingen | alle | zum Strand.
a.B. (temp.) | a.B. (lok.) | Präd. | Subj. | a.B. (lok.)

7. Dort | wurden | die Rucksäcke | auf den Sand | gelegt.
a.B. (lok.) | Präd. | Subj. | a.B. (lok.) | Präd.

8. Einige Kinder | zogen | ihre Schuhe und Strümpfe | aus.
Subj. | Präd. | Akk.-Obj. | Verbz. z. Präd.

9. Danach | liefen | sie | schnell | zum Wasser.
a.B. (temp.) | Präd. | Subj. | a.B. (mod.) | a.B. (lok.)

10. Mit Schaufeln und Spaten | bauten | sie | hier | große Burgen.
a.B. (instr.) | Präd. | Subj. | a.B. (lok.) | Akk.-Obj.

11. Zum Bauen | brauchten | sie | viel Sand und Schlick.
a.B. (fin.) | Präd. | Subj. | Akk.-Obj.

12. Vor lauter Eifer | vergaßen | sie | ihr Essen.
a.B. (kaus.) | Präd. | Subj. | Akk.-Obj.

13. Am Abend | kamen | sie | um 20 Uhr | zu Hause | an.
a.B. (temp.) | Präd. | Subj. | a.B. (temp.) | a.B. (lok.) | Verbz. z. Präd.

44

Test: Satzlehre

Name: _____ Datum: _____

Fragen	Lösungen	Punkte
1. Nenne die Satzglieder dieses Satzes der Reihe nach! (Kürze die Bezeichnungen ab!) Tim spielt regelmäßig Handball im Stadion.	*Subj., Präd., a. B. d. Zeit (temp.), Akk.-Obj., a. B. d. Ortes (lok.)*	
2. Wie fragt man nach der adverbialen Bestimmung (Umstandsergänzung) ... (Gib mindestens zwei Fragewörter an!) a) des Grundes (kausal)?	*Warum? Weshalb?*	
b) des Ortes (lokal)?	*Wo? Woher? Wohin?*	
c) der Zeit (temporal)?	*Wann? Wie lange?*	
d) der Art und Weise (modal)?	*Wie? Wie sehr?*	
3. Nenne die beiden Arten der Fragesätze!	*Entscheidungsfrage Auskunftsfrage*	
4. Wie ermittelt man die Anzahl der Satzglieder?	*durch die Umstellprobe*	
5. An welchen Stellen kann der Begleitsatz bei der wörtlichen Rede stehen?	*vorangestellt (vorne) eingeschoben (in der Mitte) nachgestellt (hinten)*	
6. Welche Satzzeichen braucht man bei der wörtlichen Rede immer?	*Anführungszeichen*	
7. Wie fragt man nach ... a) dem Dativ-Objekt (Fallergänzung im 3. Fall)?	*Wem?*	
b) dem Akkusativ-Objekt (Fallergänzung im 4. Fall)?	*Wen?*	
8. Woraus besteht das Subjekt (Satzgegenstand) meistens? Nenne zwei Möglichkeiten!	*Nomen (Namenwort) oder Pronomen (Fürwort)*	
9. An welcher Stelle steht das konjugierte Verb (gebeugte Zeitwort) immer im Aussagesatz?	*an zweiter Stelle*	

Ergebnis: _____

43

Wörtliche Rede (2)

Der Begleitsatz kann bei der wörtlichen Rede auch nachgestellt werden.

(Beispiele)

a) „ Ich gehe heute ins Kino “ , sagt Anna.

b) „ Darf ich heute ins Kino ?“ , fragt Anna.

c) „ Geh doch mit mir ins Kino !“ , bittet Anna.

d) „ Hurra, ich darf ins Kino !“ , schreit Anna.

Wenn der Begleitsatz nachgestellt wird, steht vor ihm immer ___*ein Komma*___ .

Die wörtliche Rede steht immer in ___*Anführungszeichen*___ und behält auch die dazugehörigen ___*Satzschlusszeichen (Ausrufezeichen*___ ___*und Fragezeichen)*___ . Nur beim Aussagesatz wird der Punkt am Ende ___*weggelassen*___ . (Beispiel a)

Der Begleitsatz wird manchmal in der Mitte eingeschoben:

(Beispiele)

„ Ich gehe heute “ , sagt Anna „ , “ ins Kino „ . “

„ Darf ich heute “ , fragt Anna „ , “ ins Kino „ ?“

„ Geh doch “ , bittet Anna „ , “ mit mir ins Kino „ !“

„ Hurra, ich darf “ , schreit Anna „ , “ ins Kino „ !“

Wenn die wörtliche Rede durch den Begleitsatz unterbrochen wird, steht am Anfang und am Ende des Begleitsatzes jeweils ein Komma.

Die Satzschlusszeichen der wörtlichen Rede stehen erst ___*am Ende*___ des zweiten Teiles.

Beide Teile der wörtlichen Rede werden von ___*Anführungszeichen*___ begrenzt.

Bei einem eingeschobenen Begleitsatz braucht man für die wörtliche Rede doppelt so viele Anführungszeichen.

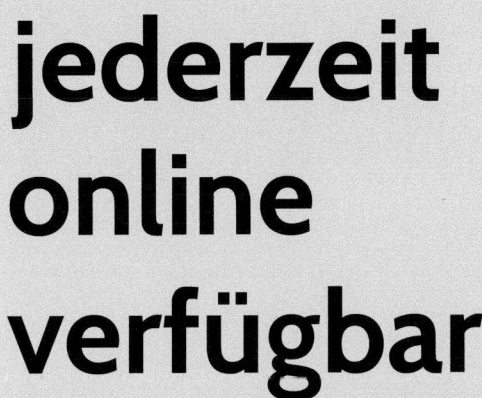